D1670080

Enrico Pavan

GA4™

Suggerimenti per iniziare con il piede giusto!

Copyright © 2022 Analytics Boosters Srl

1° Edizione

ISBN: 9798810729723

Tutti i diritti riservati.

A Nadia
e a tutto il team
di Analytics Boosters

Sommario

Ciao, grazie per aver deciso di acquistare questo libro!

Volevo presentarmi velocemente e darti un paio di informazioni.

Sono Enrico Pavan, Founder & President di Analytics Boosters, società verticale su Analytics e Conversion Rate Optimization.
Mi occupo di data analysis dal lontano 2004 -al tempo c'erano i log files... stiamo parlando di epoche giurassiche :) - e sono sempre stato affascinato dai dati, dal capire la user behavior e da come poter migliorare le performance di business dei miei clienti.

Dal 2014 fino ad oggi sono stato nominato tra i top 10 analyst worldwide (DAA Awards, ora Quanties) e nel 2020 ho ricevuto il premio come "Most Impactful Metrics Implementaion" (FiveTran, WAA) per una serie di tracking supercustom che ho creato per i nostri clienti, li puoi trovare nel blog di Analytics Boosters :). Sempre nel 2020 son rientrato nelle categorie top CRO personality of the year e Top CRO Consultant ai Digital Elite Awards.

Nel 2021 sono stato runnerup nella categoria Difference Maker dei Quanties e ho vinto l'individual CRO Personality of the year alla DEE.

Ho al mio attivo anche 2 pubblicazioni presso l'editore "Henry Steward Publication" di Philadelphia.

Il libro ti appresti a leggere ho deciso di crearlo, assieme al mio team, in quanto la versione GA4™ di Analytics è la release più impattante a livello di tracking dal rilascio di Universal Analytics (2013). Non abbiamo la pretesa di spiegare nel dettaglio ogni singolo elemento che compone questo nuovo modello ma vogliamo darti una overview di quello che ti aspetta al primo step di attivazione del software. GA4™ è in continua evoluzione e moltissime features sono in rampa di lancio: ti consiglio quindi di seguire i nostri Social, il gruppo "Fatti di GA4" su Facebook e i nostri blog per rimanere aggiornato sulle ultime novità!

Buona Lettura
Enrico Pavan

Premessa

Google Analytics 4™ (GA4™) è stato lanciato ufficialmente il 14 ottobre 2020 mentre prima era conosciuto come Beta di "Google Analytics App+Web", rilasciata circa un anno prima.

GA4™ non è altro che una nuova versione di Google Analytics che unisce i tracciamenti dei siti web con quelli delle applicazioni e che punta a rivoluzionare il mondo dell'analytics.

Ma cosa rende Google Analytics 4™ così diverso dall'attuale versione Universal Analytics?

1. GA4™: che cos'è?

Come detto precedentemente, GA4™ è l'ultima versione di Google Analytics (GA) che combina i dati di app e siti web. Tutte le proprietà di Universal Analytics (UA) possono essere "aggiornate" a GA4™, il che significa che verrà creata una nuova proprietà di Analytics per raccogliere i nuovi dati ma *lo storico non sarà integrato!* Se invece in precedenza si utilizzava un account Firebase Analytics (per le app), il reporting sarà aggiornato automaticamente a GA4™.

D'ora in poi, **qualsiasi nuovo account Google Analytics sarà GA4™**: sarà ancora possibile creare property di Universal Analytics scegliendo direttamente la checkbox in fase di creazione della property stessa. È possibile configurare una proprietà GA4™ se disponi di un'app, di un sito web o di entrambi: al momento **il consiglio migliore è quello di generare il dual tagging**, ovvero far coesistere all'interno dello stesso sito sia la property di Google Analytics Universal storica sia quella nuova di GA4™.

Rispetto a Universal Analytics, *Google Analytics 4™ inizierà a ridurre la dipendenza dai cookie* per il tracking andando ad utilizzando il **machine learning** per "colmare le lacune" in cui non viene fornito il consenso dell'utente per il tracciamento, rendendolo più stabile ai cambiamenti del settore e prevenendo i casi di data missing. **GA4™ è costruito pensando al futuro**, quindi la scalabilità e la crescita sono state prese in considerazione nel nuovo design, insieme a una maggiore attenzione al monitoraggio del percorso completo dell'utente, invece di suddividere l'interazione dell'utente in sessioni, dispositivi o piattaforme come Universal Analytics.

Google Analytics 4™ rispetto alla versione precedente, inoltre, si basa su tre differenti tecnologie:

- **Firebase Analytics**, che sfrutta il modello di dati basato sugli eventi per descrivere meglio il comportamento, misurare il coinvolgimento degli utenti e raccogliere senza problemi i dati su siti Web e App

- **Google Signals**, che ti consente di utilizzare il software di identità di Google per riconoscere gli utenti che non hanno effettuato l'accesso.

- **Il tag del sito** (via GTM o gtag), che consente di abilitare funzionalità che richiedono modifiche al codice in un sito Web senza modificare i tag.

Ognuno dei tre elementi sopra è progettato per risolvere un problema con le versioni legacy di Google Analytics. Potete trovare maggiori dettagli nel capitolo successivo.

Ovviamente GA4 presenta delle diversità rispetto a GA3, che riassumiamo, per ora, attraverso i seguenti punti:

- **Nuova interfaccia**: La maggior parte degli elementi è stata rimescolata e ora l'attenzione è più concentrata sulla canalizzazione dall'acquisizione al re-engagement.

- **Le viste non esistono più** così come la **Bounce Rate** (percepisco già il panico)

- **Integrazione**: non solo tra web e app come detto ma tendenzialmente anche con tutto il mondo offline e soprattutto anche con l'ecosistema Google (compreso BigQuery™, YouTube ™, Optimize™ e Display & Video 360 ™)

- **Multiplatform Metrics & Dimensions**: grazie alle integrazioni disponibili, soprattutto app e web, è possibile finalmente ricostruire la customer journey degli utenti a 360° in un unico strumento

- **Machine Learning**: supporta le metriche predittive e consente di analizzare le possibili tendenze del traffico prima che si verifichino e di creare audiences o personalizzazioni ultra-targhettizzate

È quindi il caso di iniziare a mettere mano a GA4™?

Direi proprio di sì, anzi se stai leggendo questo libro e non hai ancora implementato almeno il tracking base di GA4™, purtroppo **sei già in ritardo** rispetto all'evoluzione del mercato!

Essere in grado di tracciare il percorso degli utenti, senza essere rinchiusi nei famosi data-silos, è qualcosa di estremamente nuovo e "prezioso"; la possibilità di **analizzare in un unico luogo** i dati degli utenti permette di migliorare le performance del proprio business anche a chi non è un data analyst o si occupa di analytics a tempo pieno.

Anche **l'analisi predittiva** basata sul machine learning è una caratteristica molto interessante. Aiuta a valutare il comportamento degli utenti del nostro brand e ad ottimizzare la strategia di marketing intrapresa.

GA4™ è il futuro di Google Analytics e questo è forse il miglior motivo per passare a questo strumento, non adesso, ma ieri!

Detto questo, ci sono alcuni svantaggi minori. La perdita di determinati eventi, tag, dimensioni e altre funzioni può creare una certa confusione iniziale ed iniziare ad utilizzare GA4 significa ricominciare da capo senza dati storici su cui lavorare.

Il suggerimento che troverai più spesso in queste pagine è quello di utilizzare il dual tagging, ovvero far "correre" in parallelo le due versioni di Google Analytics™ e sfruttarne le principali funzionalità per ottimizzare le strategie di marketing

È possibile che Universal Analytics possa scomparire in futuro, anche se al momento Google™ non ha annunciato alcun piano in tal senso: per sicurezza, però, è meglio attivarsi quanto prima con GA4™.

2. Data Model Universal Analytics VS GA4™

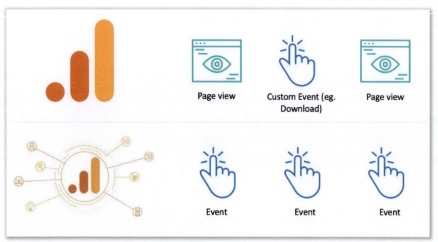

Fig1. Schematizzazione data model GA4™ vs GA3

La principale differenza risiede nel **data model**: UA (Universal Analytics) utilizza un modello basato sulla sessione per raccogliere e segnalare i dati, il che significa che le interazioni dell'utente sono raggruppate in un determinato lasso di tempo.

Le proprietà GA4™ utilizzano un modello più flessibile, basato sugli eventi, che consente rapporti più accurati e informazioni aggiuntive da trasferire a Google Analytics con ogni interazione (es. revenue, pagetitle, page location, ecc).

Nel nuovo data model di GA4™ ogni interazione dell'utente viene inviata alla property di analytics come evento autonomo, ovvero non è contenuta all'interno di una sessione.

Google Analytics 4 semplifica il concetto di visualizzazione della pagina/visualizzazione dello schermo o interazione dell'utente con un sistema più flessibile di eventi e parametri perché è basato su **Firebase Analytics** Il concetto di "hit type" è stato rimosso per far posto agli eventi. Ogni evento ha un nome (vedremo meglio cosa si intende nel capitolo dedicato agli eventi) e dei parametri associati.

In altre parole, se volessimo cercare di schematizzare ulteriormente i data model di GA4™ e GA3 potremmo utilizzare i seguenti grafici:

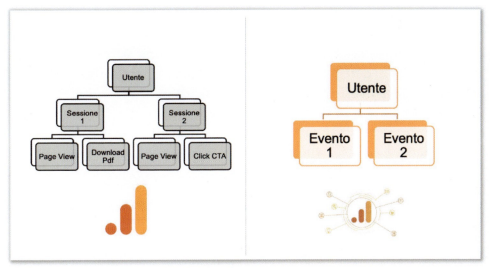

Fig2. Altra schematizzazione data model GA4™ vs GA3

Come si può vedere dalla figura 2, viene "perso" il livello di sessione a favore delle azioni che può compiere l'utente all'interno del sito o dell'app.

Se pensiamo ai tipi di hit di Universal Analytics, questi includono hit di pagina, hit di eventi, hit di e-commerce e hit di interazione social.

Al contrario, i dati di Google Analytics 4 sono basati sugli eventi, con il principio che qualsiasi interazione può essere catturata come un evento. Di conseguenza, i tipi di hit di una proprietà di Universal Analytics si traducono in eventi in una proprietà di GA4™.

Gli eventi rappresentano una differenza fondamentale del modello di dati tra le proprietà Universal Analytics e Google Analytics 4.

Come devo considerare quindi gli eventi?

Un evento di Universal Analytics ha una categoria, un'azione e un'etichetta ed è un tipo di hit. Nelle proprietà di Google Analytics 4™, ogni "hit" è un evento; non c'è distinzione tra i tipi di hit. Ad esempio, quando qualcuno visualizza una delle pagine del sito web o una schermata dell'applicazione, viene sganciato un evento "hit" di tipo page_view.

Gli eventi di Google Analytics 4™ non vengono quindi più annidati attraverso li drilldown di Categoria, Azione ed Etichetta: pertanto, è meglio ripensare all'intera raccolta di dati in termini di GA4™ - model piuttosto che trasferire la tua struttura di eventi esistente su Google Analytics 4.

Questo è il principale cambio di paradigma a cui bisogna sottintendere quando si parla di GA4™: switchare dal classico tracking a cui siamo abituati dal 2013 ad un tracking basato semplicemente sulle **azioni che l'utente può compiere**!

Esempio:
Tornando all'esempio precedente, quello che viene classificato come pageview in Universal Analytics si traducono nell'evento page_view nelle proprietà di GA4™. Un evento page_view viene attivato automaticamente da gtag o dal tag di configurazione di Google Analytics 4™ in Google Tag Manager™.

Rimangono, però, alcuni attributi già raccolti da Univesal Analytics anche in GA4™, come ad esempio:

Pageview attribute in Universal Analytics	Pageview attribute in Google Analytics 4
page_title	page_title
page_location	page_location
page_path	page_path
None	page_referrer

Fig3. Pageview attributes in GA4™ - fonte: Analytics Help

Integrazione al data-model: modeled conversions

Nel data-model può essere inserito, come corollario, anche Google Signals.

Con l'integrazione tra Google Signals™ e Google Analytics 4™, tutti i rapporti nella tua proprietà GA4™ possono sfruttare la capacità di Google™ di identificare gli utenti che visitano il sito web o l'app più volte da dispositivi diversi (a patto che abbiano abilitato la personalizzazione degli annunci e si siano autenticati al loro account Google™) anche se non sono loggati.

Il machine learning di Google™ si può quindi attivare quello che viene chiamato "modeled conversions", ovvero un mezzo per stimare le conversioni che non possono essere osservate direttamente.

La modeled conversion consente un'accurata attribuzione delle conversioni senza identificare gli utenti (ad esempio, non hanno accettato i cookie, privacy degli utenti, limitazioni tecniche o quando si spostano da un dispositivo all'altro). L'inclusione delle modeled conversions consente a Google™ di offrire rapporti più accurati, ottimizzare le campagne pubblicitarie e migliorare le offerte automatiche.

Attraverso le modeled conversion si ricercano le tendenze tra le conversioni osservate direttamente e quelle generate tramite algoritmi di machine learning. Ad esempio, se le conversioni attribuite su un browser sono simili alle conversioni non attribuite da un altro browser, il modello di machine learning prevede l'attribuzione complessiva. Sulla base di questa previsione, le conversioni vengono quindi aggregate per includere sia le conversioni modellate che quelle osservate.

Le modeled conversions sono incluse solo quando c'è un'elevata affidabilità della qualità dei dati. Se non c'è abbastanza traffico per alimentare il modello, le conversioni modellate non vengono riportate (o, nel caso di Google Analytics™, vengono attribuite al canale "Diretto"). Questo approccio consente a Google™ di recuperare la perdita di dati, prevenendo anche una previsione eccessiva.

!Attenzione!
Google™ non consente l'identificazione del singolo utente nel modeling conversion. Al contrario, Google™ aggrega i dati (come tassi di conversione storici, tipo di dispositivo, ora del giorno, geografia e così via) per prevedere la probabilità di conversione.

Le proprietà Google Analytics 4™ hanno iniziato a includere multichannel modeled conversions verso la fine di luglio 2021. I dati precedenti a tale data non sono interessati. Sono interessati a questa funzione tutti i report principali e l'esplorazione utente.

Riportiamo di seguito alcuni esempi in cui vengono applicate le conversion modeled:

- I browser che non consentono la misurazione delle conversioni con cookie di terze parti avranno conversioni modellate in base al traffico del sito web
- I browser che limitano la finestra temporale per i cookie proprietari avranno conversioni (oltre la finestra) modellate.
- La politica di trasparenza del tracciamento delle app (ATT) di Apple™ richiede agli sviluppatori di ottenere l'autorizzazione per utilizzare determinate informazioni da altre app e siti Web. Google™ non utilizzerà informazioni (come IDFA) che rientrano nelle norme ATT. Vengono modellate le conversioni i cui annunci hanno origine sul traffico con impatto ATT.

- Il modello di conversione copre sia gli eventi basati sui click che le visualizzazioni coinvolte per YouTube, per aiutare con l'attribuzione delle conversioni con EVC.
- Tutte le conversioni importate in Google Ads dalle proprietà collegate di Google Analytics 4 includeranno la modellazione.

Data-model Summary

GA4 è un grande cambiamento rispetto al passato ed importante notare che GA4 **non è un semplice aggiornamento** della property di analisi, è un modello di dati completamente nuovo. Come prima, consigliamo quindi di preservare i dati storici in Universal Analytics impostando una nuova proprietà GA4 che viene eseguita in parallelo. Farlo è semplice e implica solo l'impostazione del doppio tagging.

Il doppio tagging significa mantenere i dati storici mentre si ha il tempo di imparare ad utilizzare GA4™.

!Attenzione!

In GA4™ è possibile inviare fino a 25 parametri evento – detti custom dimensions – aggiuntivi ad ogni evento: di fatto scompare la tripletta + valore del classico tracking event di Universal Analytics (Categoria, Azione, Etichetta, Valore). Inoltre, è possibile inviare a GA4™ fino a un massimo di 500 eventi distinti, fornendo un set di dati molto più ampio con cui monitorare l'engagement degli utenti.

3. GA4™ Vs Universal Analytics (GA3)

Quindi, cosa cambia tra Universal e GA4™? Tutto? Niente? Solo l'interfaccia? Vediamo di seguito una veloce sintesi.

Sessioni

Per sessione si intende un gruppo di interazioni con il sito web in un determinato arco di tempo.

In Universal Analytics, una sessione può includere più visualizzazioni di pagina, eventi, interazioni social e transazioni e-commerce. In genere le sessioni vengono definite concluse dopo un periodo di inattività di 30 minuti o se si è verificato un altro evento di reimpostazione idoneo.

Le metriche di sessione di Google Analytics 4™ sono ricavate dall'evento session_start, un evento raccolto automaticamente. La durata di una sessione si basa sull'intervallo di tempo che intercorre tra il primo e l'ultimo evento della sessione. Questo conteggio può portare a delle differenze nella creazione di sessioni tra le proprietà Universal Analytics e Google Analytics 4™.

Engaged Sessions Vs Bounce Rate

In GA4™ non esiste più la bounce rate come metrica e viene sostituita dall'engaged session. Possiamo quasi dire che quest'ultima è giusto l'opposto della prima.

L'engaged sessions viene inviata a GA4™ quando l'utente:

- Rimane nel sito o app per più di 10 secondi (tempo modificabile, verrà trattato in un paragrafo separato)

- Include uno o più eventi di conversione

- Vengono visualizzate almeno due pagine nella stessa sessione

Sono inoltre presenti altre metriche di engagement come, ad esempio, la engagement session per user e l'engagement rate che ci permettono di analizzare meglio le interazioni tra utente e sito/app.

Google Analytics raccoglie l'evento user_engagement dopo che un utente lascia una pagina o una schermata, **anche se non si tratta di una sessione con coinvolgimento**. Ad esempio, se un utente visita il tuo sito per soli cinque secondi, il valore di engagement_time_msec è di 5000 millisecondi. Tuttavia, l'attività non viene conteggiata come sessione con coinvolgimento

Come abbiamo visto quindi l'utente deve essere "attivo" e questo avviene quando Google Analytics 4™ rilascia:

- L'evento **first_visit** o il parametro engagement_time_msec da un sito web

- L'evento **first_open** o il parametro engagement_time_msec da un'app Android

- L'evento first_open o user_engagement da un'app per iOS

Calcolo utenti attivi

In Google Analytics 4™, l'attività degli utenti viene rilevata automaticamente. Universal Analytics si affida invece alla strumentazione manuale (attivazione di un evento interattivo). Un utente può avviare un'app ed essere considerato attivo in Google Analytics 4™, ma non in Universal Analytics. Ciò può comportare il conteggio di un maggior numero di utenti attivi in Google Analytics 4™.

Conteggio sessioni

Alcuni aspetti del conteggio delle sessioni in Google Analytics 4™ sono diversi da quelli di Universal Analytics. In Universal Analytics, una nuova campagna avvia una nuova sessione indipendentemente dall'attività, mentre in Google Analytics 4™ questo non accade. Ciò può comportare il conteggio di un minor numero di sessioni nei report di Google Analytics 4™.

Anche gli hit tardivi possono essere un fattore determinante. In Universal Analytics, gli hit vengono elaborati se si verificano entro 4 ore dalla fine del giorno precedente. Google Analytics 4™ elabora gli eventi che avvengono fino a 72 ore dopo. Ciò può comportare il conteggio di un minor numero di sessioni nella proprietà Universal Analytics, in particolare per le app, oltre a variazioni nelle cifre dei report nell'arco di queste 72 ore.

Gli eventi Google Analytics 4™ registrati vengono caricati automaticamente quando le app per iOS vengono messe in background. Questo non avviene in Universal Analytics. Di conseguenza, nei report di Google Analytics 4™ le metriche relative a iOS potrebbero essere notevolmente più elevate.

Una sessione inizia quando un utente:

- **Apre l'app in primo piano** (quindi non in background)

- **Visualizza una pagina del sito web** e nessuna sessione è attualmente attiva (ad esempio quando la sessione precedente è scaduta)

Per impostazione predefinita, una sessione termina (va in timeout) dopo 30 minuti di inattività dell'utente. Non esiste un limite alla durata di una sessione.

Il timeout per una sessione dell'app inizia quando l'app viene spostata in background, ma è possibile estendere tale sessione includendo un parametro extend_session (con valore 1) per gli eventi inviati mentre l'app è in background. Questa modifica è utile se la l'app viene utilizzata spesso in background, come nel caso delle app per la navigazione e la musica.

Il timeout di sessione di 30 minuti per le app può essere modificato tramite l'utilizzo del parametro setSessionTimeoutDuration.

Differenze a livello di traffico

GA4™ a differenza del suo predecessore pone delle differenze a livello di traffic scope: User scoped dimension, Session scoped dimension ed Event scoped dimension.

- **User Scoped Dimension**: Le dimensioni di questa tipologia sono dimensioni relative alla **prima acquisizione degli utenti** sul sito o nell'app. Poiché le dimensioni user scoped riguardano il modo in cui vengono acquisiti gli utenti per la prima volta: le dimensioni non cambiano quando gli utenti tornano sul sito o nell'app. Analytics utilizza "First User" per le dimensioni con ambito a livello di utente, ad esempio "First User Source".

- **Session Scoped Dimension**: Le dimensioni session scoped sono dimensioni relative ad un utente che avvia una nuova sessione sul sito o sull'app. Le dimensioni session scoped includono nuove sessioni di utenti nuovi e di ritorno. Analytics utilizza "Sessione" per le dimensioni con ambito sessione, come in "Session Source".

- **Event Scoped Dimension:** Le dimensioni con ambito evento sono dimensioni relative alle azioni che portano un utente ad avviare una nuova sessione in cui esegue un'azione di conversione, come l'acquisto. Analytics classifica l'origine e il mezzo per gli eventi che non generano una conversione come "not set". Analytics include solo il nome della dimensione per le dimensioni con ambito evento, come in "Source"

Cerchiamo di valutare queste dimensioni attraverso un esempio.

Un utente visita il sito www.shopnow.com dopo aver fatto clic su un link presente in un link presente all'interno del blog www.sportsgoods.com. L'utente visualizza un prodotto (scarpe basket), clicca add to cart e poi abbandona il sito. Lo stesso utente torna il giorno successivo utilizzando un link presente nei bookmark e acquista l'articolo.

Nella prima sessione:

- La sorgente e il mezzo della prima interazione dell'utente sono "sportsgoods.com / referral".
- La sorgente e il mezzo della sessione sono "sportsgoods.com / referral".
- La sorgente e il mezzo degli eventi di conversione attivati sono "sportsgoods.com / referral".

Nella seconda sessione:

- La sorgente e il mezzo della prima interazione dell'utente sono "sportsgoods.com / referral".
- La sorgente e il mezzo della sessione sono "(diretta)/(nessuno)".
- La sorgente e il mezzo per gli eventi di conversione attivati sono "(diretta)/(nessuno)".

Si può quindi riassumere il tutto tramite lo schema:

Interfaccia web	Ambito	API Core Reporting
Sorgente	Utente	firstUserSource
	Sessione	sessionSource
	Evento	source
Mezzo	Utente	firstUserMedium
	Sessione	sessionMedium
	Evento	medium
ID campagna	Utente	firstUserCampaignId
	Sessione	sessionCampaignId
	Evento	campaignId
Nome campagna	Utente	firstUserCampaignName
	Sessione	sessionCampaignName
	Evento	campaignName

Fig 1. Schema campaign models GA4™

Default Channel Grouping

Anche in GA4™ esistono i raggruppamenti di canale predefiniti ma sono nettamente migliorate e aumentate in numero assoluto.

Rispetto a GA3 i Default Channel Groups *non sono modificabili e non sono case sensitive.*

Riassumiamo a livello tabella quello che dovremo aspettarci all'interno di GA4™.

- **Google Ads**

Canali per il traffico di Google Ads	
Ricerca a pagamento	Il traffico proviene da Google Ads E Il tipo di rete pubblicitaria Google Ads è uno di ("Google Search", "Google Partners")
Video a pagamento	Il traffico proviene da Google Ads E Il tipo di rete pubblicitaria Google Ads è uno di ("YouTube Search", "YouTube Videos")
Display	Il traffico proviene da Google Ads E Il tipo di rete pubblicitaria Google Ads è uno di ("Google Display Network", "Cross-network")
Social a pagamento	Il traffico proviene da Google Ads E Il tipo di rete pubblicitaria Google Ads è uno di ("Social")

Fig 2. Schema Default Channel Group in GA4™

- ## Display e Video 360

Canali per il traffico di Display & Video 360	
Display	Il traffico proviene da DV360 E Il formato della creatività DV360 è uno di ("Standard", "Expandable", "Native site square", "Backdrop", "Templated app install interstitial", "Deprecated", "Native app install", "Native app install square", "Native site", "Templated app install", "Lightbox")
Video a pagamento	Il traffico proviene da DV360 E Il formato della creatività DV360 è uno di ("Native video", "Video", "Templated app install video", "Flipbook")
Audio	Il traffico proviene da DV360 E Il formato della creatività DV360 è uno di ("Audio")
Altro a pagamento	Il traffico proviene da DV360 E Il formato della creatività DV360 è uno di ("Publisher hosted", "Tracking", "Unknown")

Fig 3. Schema Default Channel Group in GA4™

- ## Standard Channel Groups

Canali per il traffico manuale	
Diretto	La sorgente corrisponde esattamente a direct E Il mezzo è uno di ("(not set)", "(none)")
Shopping a pagamento	La sorgente corrisponde a un elenco di siti di shopping OPPURE Il nome della campagna corrisponde alla regex ^(.*([^a-df-z]|^)shop|shopping).*)$ E Il mezzo corrisponde alla regex ^(.*cp.*|ppc|paid.*)$
Ricerca a pagamento	La sorgente corrisponde a un elenco di siti di ricerca E Il mezzo corrisponde alla regex ^(.*cp.*|ppc|paid.*)$
Social a pagamento	La sorgente corrisponde a un elenco di siti social E Il mezzo corrisponde alla regex ^(.*cp.*|ppc|paid.*)$
Video a pagamento	La sorgente corrisponde a un elenco di siti video E Il mezzo corrisponde alla regex ^(.*cp.*|ppc|paid.*)$
Display	Il mezzo è uno di ("display", "banner", "expandable", "interstitial", "cpm")

Fig 4. Schema Default Channel Group in GA4™

Shopping organico	La sorgente corrisponde a un elenco di siti di shopping OPPURE Il nome della campagna corrisponde alla regex ^(.*([^a-df-z]|^)shop|shopping).*)$
Social organico	La sorgente corrisponde a un elenco regex di siti social OPPURE Il mezzo è uno di ("social", "social-network", "social-media", "sm", "social network", "social media")
Video organico	La sorgente corrisponde a un elenco di siti video OPPURE Il mezzo corrisponde alla regex ^(.*video.*)$
Ricerca organica	La sorgente corrisponde a un elenco di siti di ricerca OPPURE Il mezzo corrisponde esattamente a organic
Email	Sorgente = email|e-mail|e_mail|e mail OPPURE Mezzo = email|e-mail|e_mail|e mail
Affilati	Mezzo = affiliate
Referral	Mezzo = referral
Audio	Il mezzo corrisponde esattamente ad audio
SMS	Il mezzo corrisponde esattamente a sms

Fig 4. Schema Default Channel Group in GA4™

Inoltre, possiamo annoverare anche le notifiche push:

Notifiche push per dispositivi mobili	Il mezzo termina con "push" OPPURE Il mezzo contiene "mobile" o "notification"

Utenti

Ci sono anche differenze nel conteggio degli utenti tra le proprietà Google Analytics 4™ e le proprietà Universal Analytics Standard/360 quando:

- I due tipi di proprietà utilizzano **metodi diversi per determinare l'identità degli utenti**, ad esempio la proprietà Google Analytics 4™ utilizza User-ID, mentre la proprietà Standard/360 utilizza Client-ID.

- **Le proprietà Google Analytics 4™ si concentrano sugli utenti attivi**, ovvero gli utenti attualmente coinvolti, mentre le proprietà Standard/360 sugli utenti totali.

- I dati dei rapporti delle proprietà Google Analytics 4™ includono per impostazione predefinita tutti gli stream di dati, mentre in Standard/360 devi aggiungere stream di dati specifici tramite i filtri nelle impostazioni dei rapporti.

- Le proprietà **Google Analytics 4™ al momento non supportano i filtri**, mentre nei rapporti Standard/360 potrebbero essere applicati filtri vista che escludono i dati.

- Il metodo con cui Analytics conteggia gli utenti può avere un margine di errore diverso per le proprietà Google Analytics 4™ rispetto alle proprietà Universal Analytics Standard/360.

- Il rapporto in tempo reale nelle proprietà Google Analytics 4™ conteggia gli utenti che hanno interagito il sito/app per un periodo di tempo diverso da zero nei 30 minuti precedenti, mentre il rapporto di Real Time (in tempo reale) nelle proprietà Universal Analytics Standard/360 conteggia qualsiasi utente che ha attivato un evento nei cinque minuti precedenti.

Goals/Conversions

Gli "obiettivi" in UA ora sono chiamati "conversioni" in GA4™. La versione Universal consente un massimo di 20 obiettivi, **in GA4™ si possono attivare fino a 30 conversioni in contemporanea**. L'impostazione dell'obiettivo differisce in entrambi, con UA che consente obiettivi basati su Durata, Destinazione, Eventi mentre GA4™ consente solo conversioni basate su eventi, il che significa che qualsiasi obiettivo di visualizzazione di pagina dovrà essere inviato come evento a GA4™ prima di essere utilizzato come conversione. Ciò rafforza ancora una volta la raccomandazione di configurare GA4™ insieme a qualsiasi account Google Analytics attualmente esistente.

Content Groups

In Universal Analytics, i **content groups** consentono di raggruppare i contenuti in una struttura logica e di visualizzare e confrontare le metriche in base al nome del gruppo.

Le proprietà di Google Analytics 4™ hanno un parametro evento predefinito per il gruppo di contenuti ("content_group") che inserisce i dati nella dimensione di riferimento. Al momento non esistono in GA4™ i 5 slot dedicati ai content groups di GA3 ma persiste un unico calderone in cui far affluire tutti i gruppi di contenuti creati. Maggiori dettagli saranno affrontati nel capitolo dedicato a questo evento.

Enhanced Measurement

GA4™ traccia automaticamente di alcuni eventi come "first_visit e "session_start". **Quando l'enhanced measurement è abilitato, GA4™ raccoglierà automaticamente più eventi tra cui: "view_search_results", "video_start", "file_download", ecc** che hanno tutti il proprio set di parametri aggiuntivi inviati in automatico. Ciò significa che i dati vengono raccolti non appena impostata una proprietà GA4™, senza dover creare tag aggiuntivi in GTM. Gli eventi di misurazione avanzata non sono inclusi nel limite di 500 eventi.

Nuova Interfaccia

GA4™ presenta una UI totalmente diversa da quella di Universal ed in modo particolare sono stati introdotte **tre macro novità**: la **sezione explore** dove si possono generare report approfonditi on the fly, la sezione **advertising workspace** dedicata, appunto, all'adv e inoltre si possono creare **report e collection diversi** per singolo utente.

Identificativo utente

Universal Analytics crea rapporti cross-device con la loro proprietà User ID ma in generale dispone di un solo elemento di riconoscimento utente generico (il clientID). **GA4™ utilizza tre diversi modelli di identificazione utente**:

- **UserID**: grazie all'identificativo univoco utente è possibile unificare e deduplicare gli utenti tra i dispositivi ed importate dati in GA4™;

- **Google Signal**s: GA4™ può utilizzare i dati di Google Signals, se l'utente consente la raccolta di queste informazioni, per associare i dati raccolti a un determinato user sul tuo sito

- **ID dispositivo**: l'ID dispositivo si basa sui cookie del browser dell'utente per i siti Web e sull'ID dell'istanza dell'app per le app.

Quando GA4™ elabora i dati, utilizza tutti i modelli di identificazione utente disponibili per collegare i dati tra le piattaforme, prima cercando lo userID; quindi, controllando Google Signals e e infine l'ID dispositivo se non sono disponibili altri dati. Questo nuovo modello di identificazione utente rende i rapporti cross-device di GA4™ molto più potenti di Universal Analytics.

L'ID utente in Universal Analytics e Google Analytics 4 ha uno scopo simile nel fornire uno spazio di identità agli utenti per analizzare i propri dati. Dal punto di vista della raccolta dati, non sono necessarie modifiche specifiche per mappare gli ID utente in una proprietà Universal Analytics a una proprietà Google Analytics 4.

User-ID

Lo user_id nelle proprietà di Google Analytics 4™ offre una visualizzazione multipiattaforma e multidispositivo di come gli utenti interagiscono con app o sito web.

Per utilizzare questa funzione, bisogna settare gli ID univoci e persistenti (es. CRM ID, MailID, ecc), assegnarli in modo coerente ai tuoi utenti e includere gli ID insieme ai dati che invii ad Analytics. Analytics crea un unico percorso utente da tutti i dati associati allo stesso ID utente. A differenza di Universal Analytics, **una proprietà di Google Analytics 4 incorpora l'ID utente in modo nativo in tutti i rapporti**, **le analisi e gli approfondimenti e non richiede una visualizzazione separata dei rapporti sull'ID utente.**

Inoltre, non serve specificare il parametro user_id all'interno dell'evento di riferimento in quanto è un parametro "riservato" e GA4™ non permette di utilizzarlo di default. Per esporlo come siamo abituati in Universal Analytics, consigliamo di creare un nuovo parametro e/o user property (Es. crm_id) dove passare tale valore.

Ovviamente per poter creare una customer journey complessiva tra sito e app bisogna che lo stesso id venga passato in modo uguale in entrambi gli ambienti.

L'ID utente non viene applicato ai dati storici che esulano dall'ambito della stessa sessione. Quando un nuovo visitatore atterra sul sito web o nell'app, Google Analytics 4™ memorizza un cookie contenente il client id.

Se dopo diverse sessioni lo stesso utente decide di fare login o registrarsi alla newsletter e viene inviato lo UserID, questo **non viene applicato automaticamente a tutte quelle sessioni precedenti.**

Solo se l'utente genera più eventi nella stessa sessione anche a tali eventi viene agganciato la UserID.

La lunghezza massima dell'ID utente è di 256 caratteri Unicode.

L'ID utente non può essere unito tra le proprietà GA4™: Se desideri monitorare il percorso di un singolo utente in GA4™, dovrai utilizzare la stessa proprietà GA4.

Bisogna inviare user_id con ogni evento a GA4™ (quando user_id è disponibile): ovviamente questo è fattibile tramite il tag di configurazione di GA4™.

Client-ID

Il Client-ID è **una stringa univoca generata in modo casuale che funge da identificatore pseudoanonimo e identifica in modo anonimo un'istanza del browser**. Viene memorizzato nei cookie del browser, quindi visite successive allo stesso sito possono essere associate allo stesso utente.

Il Client-ID in Universal Analytics e Google Analytics 4™ condivide la stessa semantica e ha lo stesso scopo nel fornire un identificatore utente pseudonimo. L'equivalente dell'app nella proprietà Google Analytics 4 è denominato App Instance ID.

Parametri

Nelle proprietà di Google Analytics 4™ ogni evento può contenere un parametro.
I parametri sono informazioni aggiuntive che possono specificare ulteriormente l'azione eseguita dall'utente o aggiungere ulteriore contesto all'evento. Ad esempio, i parametri possono essere utilizzati per descrivere il valore dell'acquisto o per fornire un contesto su dove, come e perché l'evento è stato registrato.

Alcuni parametri, come page_title, vengono inviati automaticamente. Oltre ai parametri registrati automaticamente, si possono inviare fino a 25 parametri per ogni evento.

Proprietà Utente (User Properties)

Le user property **sono attributi a livello utente** sganciati ai visitatori che interagiscono del sito o dell'app. Sono usati per **descrivere segmenti della base di utenti**, come tipologia di membership oppure livello della matrice RFM, ecc. (Analytics registra automaticamente alcune proprietà dell'utente che possono essere rintracciate a questo link: https://support.google.com/analytics/answer/9268042).

Audiences

Le audiences in GA4™ sono nettamente superiori a quelle presenti in Universal in quanto vengono proposte molte più possibilità di creazione (timing tra eventi, stessa sessione o cross sessione, ecc)! Si possono impostare in Google Ads o Search Ads 360 per migliorare notevolmente le performance delle campagne e targhettizzare in modo mirato gli utenti.

Collegamento diretto con BigQuery

Questa funzione era presente solo per le versioni di Universal Analytics 360: ora invece **tutte le property GA4™ possono collegarsi direttamente a BigQuery ed inviare i dati raccolt**i. Rappresenta sicuramente uno step avanti rispetto a UA in quanto è possibile utilizzare BigQuery come dataLake per import dei first party data mixabili con quanto ricaviamo da GA4™: viene finalmente completato il customer journey a 360°!

Batching e Improvement

Nelle proprietà di Google Analytics 4™, la maggior parte degli eventi viene eseguita in batch lato client. Tuttavia, **gli eventi di conversione vengono sempre trasmessi immediatamente**, sebbene possano far parte di un batch.

I contenitori caricati in modalità di debug non eseguiranno mai in batch gli eventi, per facilitare il DebugView in tempo reale.

Se degli eventi sono ancora tenuti lato client quando l'utente lascia la pagina (ad es. passando a un'altra pagina), tali eventi vengono inviati immediatamente.

Negli ambienti browser che non supportano l'API sendBeacon, tutti gli eventi vengono inviati come si verificano, senza batch.

Un'ulteriore improvement di GA4™ è legato all'anonimizzazione dell'IP di default per tutte le property.

4. Segmenti Vs Comparazioni

In GA4™ è possibile analizzare i dati creando dei bucket di utenti sia nei report standard sia nella sezione di esplorazione.

Nel primo caso, i subgroups creati vengono definiti "comparazioni", nel secondo "segmenti avanzati".

Segmenti

I segmenti sono una delle eredità di Universal Analytics che, in parte, saranno presenti anche in GA4.

Ovviamente **i segmenti di GA4 presentano delle differenze a quanto fatto finora in GA3**: di seguito saranno elencate le principali caratteristiche dei custom segments e come utilizzarli in Google Analytics 4.

Che cosa sono i segmenti?

Per chi non lo sapesse, **i segmenti sono dei sottoinsiemi di dati** presenti nella property di riferimento. I segmenti **sono fondamentali nell'analisi dei dati** in quanto i valori aggregati difficilmente porta a qualcosa di utile in termini di improvement.
Bisogna quindi "scavare" in profondità per poter estrapolare le cosiddette "hidden gems", ovvero dei dati che possono essere trasformati in actionable insights ed essere **oggetto di conversion rate optimization o performance improvement.**

Ad esempio, potrebbe rivelarsi molto più utile analizzare il comportamento degli utenti che provengono da organico o da paid media: in questo modo sarà possibile analizzare le principali landing page a livello SEO oppure migliorare la propria strategia di keyword advertising, ecc. Tutte analisi che vengono meno se ci si ferma al dato complessivo.

Differenze tra i segmenti di Universal Analytics e GA4

Come accennato all'inizio, i segmenti di GA4 presentano alcune differenze con i loro predecessori e sono riassumibili in 2 punti principali:

1. In Universal Analytics i segmenti vengono applicati a quasi tutti i report presenti nell'interfaccia. **In GA4, i segmenti si applicano solo ad un singolo report – e alle sue subschede- della sezione Explore.** Se si vuole riutilizzare lo stesso segmento in un nuovo report di Explore, il segmento deve essere ricreato da zero.
2. In Universal Analytics si possono creare segmenti di tipo sessione e/o utente. **GA4 consente di creare segmenti a livello user, session ed event.**

Rimangono invece invariate la possibilità di creare una audience importabile in Google Ads partendo da un segmento e la retroattività, in fase di analisi, del segmento creato.

Le tipologie di segmenti in Google Analytics 4

Come riportato precedentemente, i segmenti in GA4 possono essere di tre tipi:

- **User Segment**: I segmenti utente consentono di creare un gruppo di utenti che soddisfano determinati criteri specificati. Un segmento utente include il comportamento dell'utente durante le sessioni generate. Ad esempio, il semplice segmento "Purchase" o "File Download" comporta l'inclusione degli utenti che hanno generato queste azioni in qualsiasi momento durante il loro journey su sito/app
- **Session Segment**: I segmenti di tipo sessione includono tutti gli eventi che sono stati generati in una sessione
- **Event Segment**: I segmenti di eventi includono solo gli eventi generati dagli utenti che soddisfano quanto riportato nel segmento

Più difficile spiegarlo che crearli: ricorriamo quindi ad un esempio.

Esempio di segmenti in GA4

Un utente genera due sessioni: nella prima visualizza l'home page, si logga e poi visualizza il listato prodotti High-Tech; nella seconda sessione l'utente accede dalla landing page dedicata al gaming pc, visualizza il dettaglio del prodotto con sku XY1234 e lo inserisce nella wishlist.

Graficamente si può mappare una journey simile alla seguente.

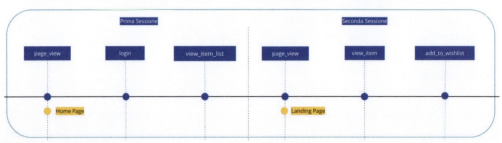

Fig 1. Customer Journey

Creazione dei segmenti

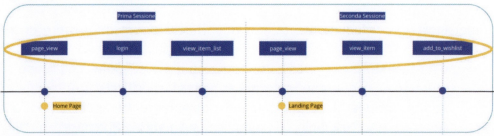

Fig 2. User Segment

- **User Segment**: la richiesta è quella di segmentare gli utenti che hanno inserito almeno un prodotto nella wishlist. In questo caso tutti gli eventi presenti nella journey dell'utente sono inclusi nel segmento appena creato.

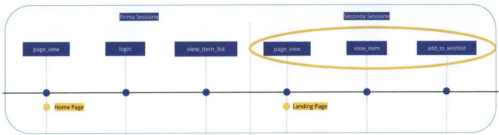

Fig 3. Session Segment

- **Session Segment**: in questo caso il segmento creato conterrà solo gli eventi relativi alla *seconda sessione* in quanto l'evento di add to wishlist è stato generato solo in quest'ultima.

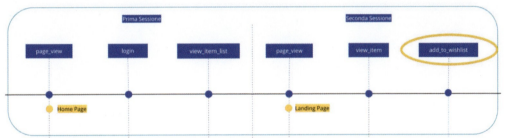

Fig 4. Event Segment

- **Event Segment**: il segmento di tipo evento contiene solo l'evento specificato nel criterio di creazione e nessun altro evento viene conteggiato. Questa è una funzione completamente nuova rispetto a Universal Analytics!

Come creare i segmenti in GA4

Come detto in precedenza, i segmenti si trovano solo, attualmente, nella sezione Explore.

La domanda ora sorge spontanea: come si creano i segmenti in GA4?

- Per prima cosa è necessario **accedere alla sezione Explore** e successivamente **selezionare una tipologia di esplorazione** di interesse.

- Successivamente basta **cliccare sul pulsante "+"** presente nella **sezione Segments** per far aprire il layer dedicato ai segmenti. In questa sezione è possibile scegliere tra Custom e Suggested Segments.

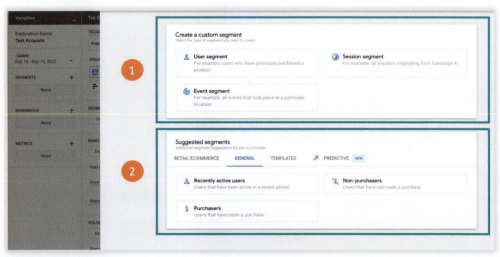

Fig 5. Segments Template

1. **I Custom Segment** sono divisi nelle tre categorie descritte precedemente e non sono completamente free, ovvero possono essere costruiti secondo le esigenze di analisi
2. **I Suggested Segments,** invece, sono dei segmenti già creati da GA4 che possono riferirsi all'ecommerce, al travel, generali, predictive, ecc.

Cliccando in una delle prime tre tipologie apparirà una schermata come quella seguente:

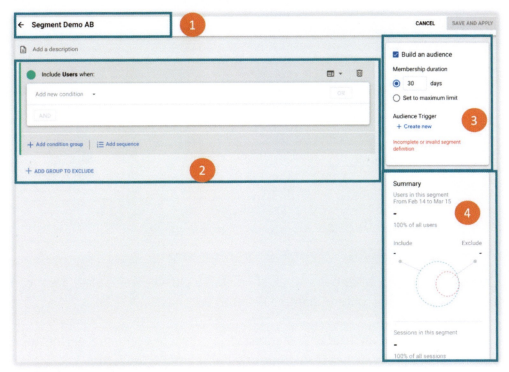

Fig 6. Creazione segmento

1. Nome del segmento
2. Gruppo di Condizioni (inclusione / esclusione)
3. (opzionale) Creazione di audience basata sul segmento e/0 creazione di un custom event basato sul segmento
4. Preview del segmento creato

Esempio di creazione segmento in GA4

Utilizzando il Demo Account messo a disposizione da Google, riportiamo di seguito un esempio molto semplice di creazione di un segmento.
Richiesta: *valutare il numero di sessioni in cui è stato visualizzato un prodotto marchiato Google e successivamente generato un acquisto.*

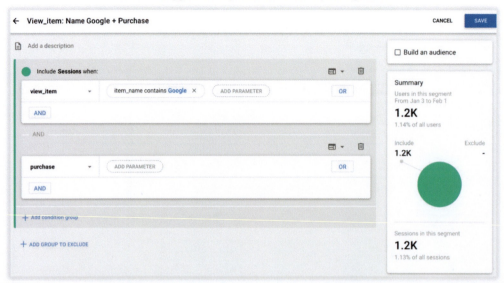

Fig 7. Creazione Segmento

In questo segmento, di tipo sessione, sono stati inclusi l'evento view_item con specifica del parametro item_name e l'evento purchase.

Sono presenti però, all'interno dell'interfaccia, altri elementi che permettono di perfezionare maggiormente la creazione dei segmenti, ovvero:

- **Condition Scoping**
- **Sequencing**
- **Event Count & Time Period**

Condition Scoping in GA4

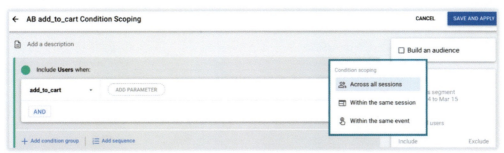

Fig 8. Condition Scoping

Il condition scoping si attiva cliccando sul pulsante in alto a destra presente nei gruppi di condizioni specificati nel segmento.

Le opzioni disponibili (nello screenshot sopra a livello user, quindi complete) sono di tre tipi:

- **Across all sessions**: in questo caso gli eventi specificati nel gruppo di condizione possono avvenire durante tutte le sessioni generate dall'utente nell'arco temporale analizzato (es. login nella prima sessione e add_to_cart nella seconda)
- **Within the same session**: gli eventi specificati nel gruppo di condizione devono avvenire all'interno della stessa sessione (es. view_item e add_to_cart)
- **Within the same event**: gli eventi specificati devono avvenire in un'unico evento (es. login e page_view = /area-riservata)

Sequencing in GA4

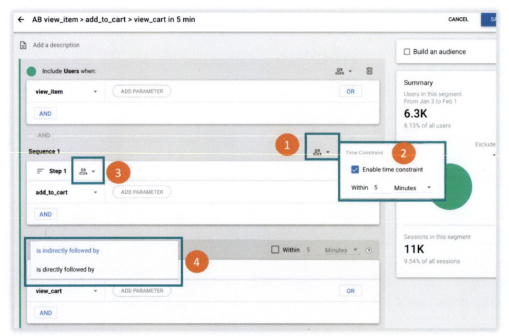

Fig 9. Segmenti > Sequencing

Innanzitutto, il sequencing è **attivo solo per i segmenti di tipo utente.**

Il sequencing in GA4 può essere visto come un'arma molto potente in ottica di targhetizzazione e analisi mirata ma presenta anche parecchie insidie dovute soprattutto alla tipologia di costruzione del segmento stesso.

Nello screenshot sopra, infatti, sono riportate i principali elementi relativi alla creazione di un segmento:

1. **Condition Scoping** a livello di sequenza complessiva (tutti i gruppi di condizione presenti nei vari step saranno guidati da questo condition scoping)
2. **Time Constraint**, ovvero la possibilità di settare un time limit relativo alle azioni specificate nella sequenza
3. **Followed** (direct/indirect), è possibile specificare se l'azione descritta nella sequenza/condizione deve seguire direttamente o indirettamente la precedente

Gruppi di esclusione nei segmenti GA4

Fig 10. Gruppi di esclusione

Google Analytics 4 offre la possibilità di escludere utenti o sessioni in modalità temporanea o permanente, mentre se il segmento è a livello evento, l'esclusione sarà di tipo permanente.

Qual è la differenza tra i due tipi di esclusione?

- **Esclusione Temporanea**: l'utente o la sessione vengono esclusi dal segmento creato se la condizione viene soddisfatta nell'arco di tempo indicato nel campo membership
- **Esclusione Permanente**: l'utente o la sessione vengono esclusi in modo permanente se la condizione si è verificata almeno una volta

!Attenzione! ogni segmento può avere un unico gruppo di esclusione (composto da più sequenze e/o gruppi di condizione)
Limitazioni nei Segmenti di GA4
Anche i segmenti devono sottostare a delle limitazioni e più precisamente:

- *Max 10 segmenti per esplorazione*
- *Max 4 segmenti applicati per singola esplorazione*
- *I dati del segmento possono essere campionati. Le dimensioni del campione utilizzate sono pari a 100.000.000 righe.*

Comparazioni

Fig 11. Comparazione

A prima vista, le comparazioni potrebbero essere viste come la trasposizione dei segmenti avanzati di GA3 all'interno di GA4™. Questa funzione però non può essere paragonata ai segmenti avanzati poiché è per sua natura molto limitata.

Per creare una comparazione si può cliccare su "add comparison" presente subito sotto il titolo del report standard oppure cliccando sull'icona con la matita ed il grafico presente in alto destra.

Una volta aperto il pannello è possibile scegliere la tipologia di comparazione di interesse, ad esempio scegliendo di visualizzare i dati generati da dispositivo desktop.

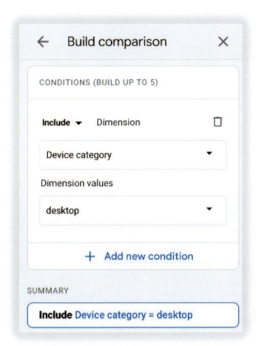

Fig 12. Comparazione > Creazione

Una volta cliccato su "Apply" la comparazione sarà applicata, anche in modalità retroattiva, ai dati presenti in tutti i report presenti nella sezione "Report" (tutti quelli di sinistra).

Fig 13. Comparazione Applicata "Desktop"

Limitazioni alle comparazioni

Rispetto ai segmenti di GA4™ e ai segmenti di GA3, questa funzione presenta alcune limitazioni: riportiamo di seguito le principali.

- Le comparazioni si applicano solo per i rapporti standard.

- Si possono aggiungere fino a 5 condizioni in un unico confronto.

- Tutte le condizioni nelle comparazioni sono collegate con AND. Non esiste, al momento, l'opzione OR.

- Si possono utilizzare fino a 4 comparazioni in contemporanea.

- Non si possono salvare le comparazioni. Una volta cambiato account, chiuso il browser, ecc le comparazioni devono essere ricreate da zero.

  Non tutte le dimensioni sono presenti all'interno delle comparazioni.

5. Event Overview

Gli eventi sono il punto di svolta, come avete potuto leggere nelle pagine precedenti, rispetto a GA3. Tutti i dati che vediamo all'interno di GA4™ infatti provengono da azioni generate dagli utenti nel sito o nell'app e che sono ovviamente tracciate.

Gli eventi vengono associati a una sessione in due modi:

- **ga_session_id**: un identificatore di sessione univoco associato a ogni evento che si verifica all'interno di una sessione.

- **ga_session_number**: ovvero un parametro associato a ogni evento che si verifica all'interno di una sessione e che identifica la posizione ordinale di una sessione in relazione a un utente, ad esempio la prima o la quinta sessione di un utente. È utile per identificare quando si verificano determinati tipi di eventi come, ad esempio, gli eventi in_app_purchase (che si verificano l'85% delle volte tra la quinta e la settima sessione).

Gli eventi in GA4™ possono essere raccolti in 4 macro gruppi:

- **Automatic Events:** gli Automatic Events vengono raccolti automaticamente quando si imposta il tag di configurazione di GA4™

- **Enhanced Events:** gli Enhanced Events vengono raccolti automaticamente quando si abilita la misurazione avanzata. Tale misurazione si può attivare direttamente da interfaccia Admin.

- **Recommended Events:** gli eventi consigliati sono eventi che vengono implementati, ma hanno nomi e parametri predefiniti. Gli eventi consigliati sbloccano funzionalità di reporting esistenti e future.

- **Eventi personalizzati:** Gli eventi personalizzati sono eventi che vengono creati dall'utente e non rientrano nelle precedenti categorie. GA4™ consiglia di creare i custom events solo se i primi tre gruppi non soddisfano le esigenze informative di cui abbiamo bisogno. I Custom Events possono essere creati sia tramite GTM sia tramite interfaccia Admin.

Attenzione: I nomi degli eventi fanno distinzione tra maiuscole e minuscole; due eventi i cui nomi differiscono saranno conteggiati come due eventi distinti. Inoltre, per gli eventi, si utilizza la modalità snake, ovvero se un evento è composto da due o più parole gli spazi devono essere sostituiti da "_" (es. contatti_ok)

Event Parameters

I parametri sono **ulteriori parti di metadati che aggiungono contesto ai dati degli eventi.**

Alcuni parametri, come page_title, vengono inviati automaticamente. Oltre ai parametri inviati automaticamente, puoi inviare fino a 25 parametri personalizzati con ogni evento.

I valori assegnati ai parametri inviati automaticamente, nonché i valori assegnati ai parametri nel riferimento Eventi, popolano le dimensioni e le metriche in Analytics.

I parametri sono quindi coppie attributo-valore che devono poi essere esplicitate all'interno delle custom dimension (50 dimension e 50 metrics nella versione standard di GA4™).

User Properties

Come riportato nel capitolo precedente le user property **sono attributi a livello utente** sganciati ai visitatori che interagiscono del sito o dell'app.

Esempio di Event Parameters e User Property via GTM

Fig 1. Eventi, Parametri e User Property

In questo caso stiamo tracciando il login degli utenti all'area clienti.

Viene generato quindi l'evento login (recommended event) a cui vengono associati sia dei parametri sia delle user properties.

1. **Event Parameters:** vengono associati a livello di parametro

    a. *method* ovvero il metodo di login (recommended) che identifica come l'utente accede all'area riservata (es. tramite Facebook, mail, ecc)

    b. *user_type* che identifica la tipologia di utente che si sta loggando (es. privato o professionista)

2. **User Properties:** vengono associati a livello di properietà utente

   a. *user_id:* che contiene la userID ed è parametro riservato

   b. *crm_id:* contiene la userID e viene settato per "esporre" la properietà in report alternativi

   c. *membership_type:* contiene lo status dell'utente che si logga (es. silver, bronze, platinum)

Una volta settati in GTM è necessario riportarli all'interno delle custom dimensions presenti nell'interfaccia di GA4™.

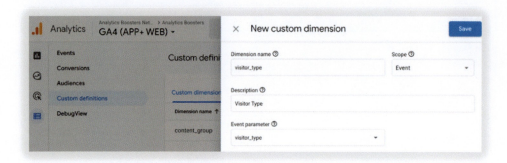

Fig 2. Definire una custom dimension in GA4™ a livello di evento

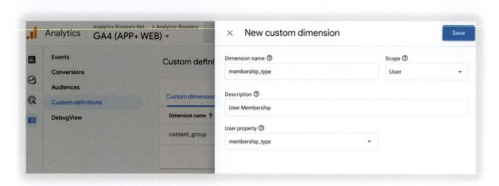

Fig 3. Definire una custom dimension in GA4™ a livello di user property

Limitazioni ad Eventi e Parametri

Come era logico aspettarsi, GA4™ nella versione standard, presenta dei limiti ad eventi, parametri e user properties (alcuni di queste limitazioni vengono superate se si passa alla versione 360™).

Riportiamo di seguito le tabelle con le principali limitazioni.

Logged item	Limit	Can I delete items if I'm close to the limit?
Distinctly named events	500 per app instance (app) Automatically collected events, like first_open and in_app_purchase, and events you collect via enhanced measurement do not count toward the limits.	No
Length of event name	40 characters	N/A
Event parameters per event	25 event parameters	Yes
Length of event-parameter name	40 characters	N/A
Length of event-parameter value	100 characters	N/A
User properties	25 per property	No
Length of user-property names	24 characters	N/A
Length of user-property values	36 characters	N/A
Length of User-ID values	256 characters	N/A

Fig 4. Limitazioni Eventi e Parametri

Configured item	Limit per property	Can I delete items if I'm close to the limit?
Audiences	100	Yes
Conversions	30	Yes
Custom insights	50	Yes
Funnels	200	Yes
User-scoped custom dimensions	25	Yes
Event-scoped custom dimensions	50	Yes
Event-scoped custom metrics	50	Yes
Registered custom conversion events	30	Yes
Data retention	Up to 14 months	N/A
Explorations	200 created per user 500 shared	Yes
Explore sampling limits	10M events per query	N/A
Ads links	400	Yes. You can also consider using a Google Ads manager account ☑ and linking to that account instead of to individual client accounts

Fig 5. Limitazioni Eventi e Parametri

Creazione e modifica degli eventi

A rimarcare la sua elevata flessibilità rispetto alla versione precedente, GA4™ permette di **creare o modificare degli eventi partendo direttamente dall'interfaccia Admin.**

Questa funzione permette soprattutto di:

- Rinominare un evento in modo che venga utilizzato lo stesso nome evento nella property attraverso il multistream dati

- Correggere un eventuale errore di battitura che potrebbe impattare la corretta raccolta e analisi dei dati

- Creare un nuovo evento, partendo da uno esistente, associando più parametri specifici e trasformarlo in evento di conversione.

Nella sezione dedicata all'interfaccia Admin saranno approfonditi entrambi gli aspetti ma vale la pena ricordare:

- **Se un evento già contrassegnato come conversione viene rinominato, non sarà più considerato conversione**. Se vengono modificati i parametri dell'evento ma non il nome, l'evento rimane una conversione

- Gli eventi modificati e creati **non si applicano ai dati storici.**

- Si possono apportare **fino a 50 modifiche agli eventi esistenti e creare fino a 50 eventi.**

- Le modifiche richiedono tempo (generalmente entro un'ora, ma possibilmente più tempo) prima di essere applicate.

- **Le modifiche vengono eseguite sul lato client** prima che i dati siano inviati ad Analytics per l'elaborazione.

- Le modifiche vengono **applicate nell'ordine in cui sono visualizzate** nell'elenco Modifiche degli eventi.

- Le modifiche vengono **elaborate prima di generare gli eventi creati.**

- Non è possibile riordinare gli eventi creati.

6. Struttura dell'Account

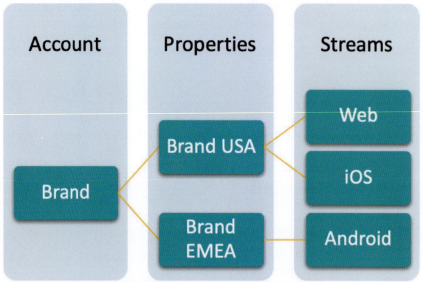

Fig 1. Esempio di struttura account GA4™

La struttura di GA4™, a livello di account, è leggermente diversa da quella di Universal Analytics in quanto non esistono più le viste e sono stati introdotti gli streams.

Cercando di riassumere al massimo:

- **Account**: non cambia rispetto a Universal Analytics → max 50 account per organizzazione e 100 properties
- **Property**: è dove vengono convogliati i dati, anche in questo caso non ci sono differenze con Universal Analytics → max 50 Streams per property
- **Streams**: sono i veri e propri data sources della property →max 30 app data streams

7. Interfaccia Admin

Bypassando la creazione della property, che risulta essere un'attività molto semplice, passiamo direttamente all'interfaccia admin di GA4™.

Come per la UI della reportistica, anche la sezione admin è totalmente diversa da quella a cui eravamo abituati con GA3.

Possiamo suddividere l'interfaccia in tre macro-sezioni:

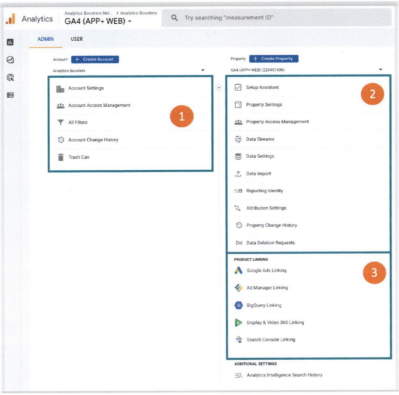

Fig. 1: GA4™ Admin Interface

1. **Account Settings:** rispetto a GA3 non rileviamo cambiamenti epocali e le funzioni rimangono più o meno le stesse.

2. **Property Setup:** questa sezione è uno dei core principali di GA4 e cambia completamente rispetto a quanto eravamo abituati nella precedente versione.

3. **Product Linking:** questa sezione è dedicata ai principali collegamenti tra i vari ambienti di Google™ ed è in costante evoluzione.

Nei prossimi paragrafi andremo ad analizzare soprattutto le sezioni 2 e 3.

Setup Assistant

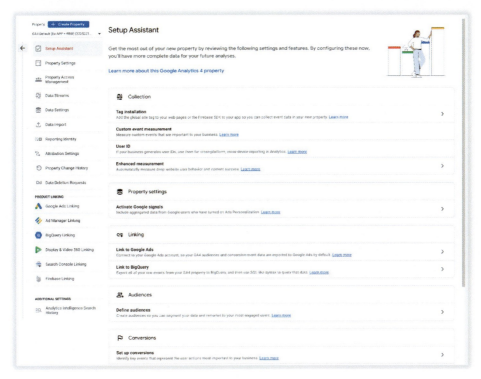

Fig. 2: GA4™ Setup Assistant

L'assistente di configurazione può essere utile durante il processo di configurazione in quanto può funzionare da diario di bordo delle attività da gestire per configurare al meglio la property di GA4™.

Consente di collegare la proprietà Universal Analytics alla tua nuova proprietà Google Analytics 4™. In questo modo, alcune delle impostazioni precedenti di Universal Analytics verranno copiate nella proprietà GA4™.

Property Settings

Fig. 3: GA4™ Property Settings

In Impostazioni proprietà è possibile definire i seguenti elementi:

- **Property Name**: il nome della proprietà (assicurati che sia facilmente riconoscibile)

- **Industry Category**: categoria di settore con la migliore corrispondenza (probabilmente utilizzata da Google™ per il benchmarking)

- **Reporting Time**: scelta del fuso orario relativo al business di riferimento (non cambiarlo dopo)

- **Currency**: impostazione della valuta globale

Sono presenti, inoltre, due pulsanti "Move property" e "Move to Trash Can".

Il primo permette di spostare la property di riferimento in un altro account Google mantenendo o meno inalterate le sia la struttura sia i privilegi di accesso; il secondo permette di eliminare la property e di mantenerla nel cestino per un max di 35 giorni.

Property Access Management

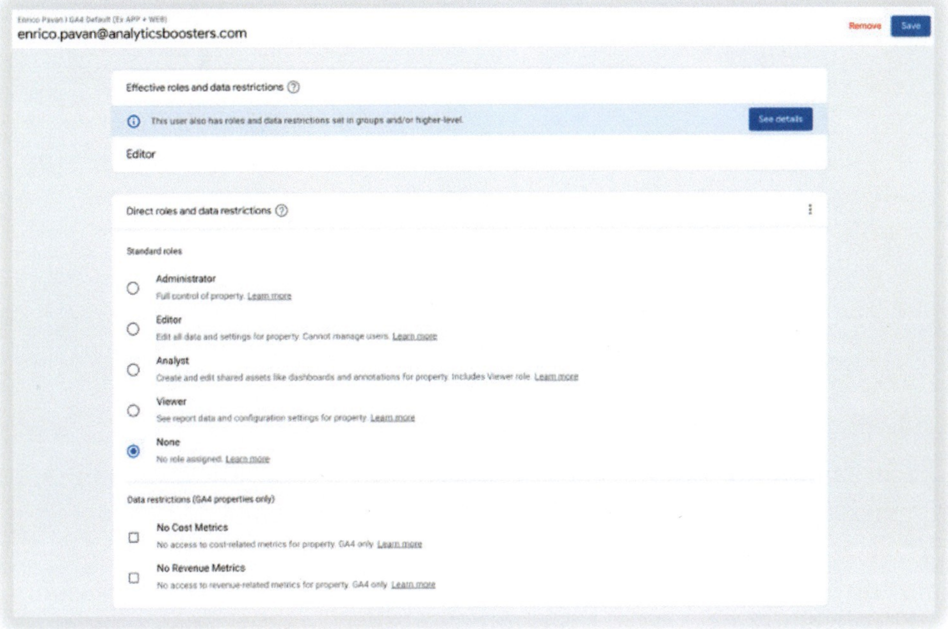

Fig. 4: GA4™ Property Access Management

La sezione relativa ai grant di accesso rimane quasi invariata rispetto a GA3, cambia invece la possibilità di poter escludere l'account dalla visualizzazione dei dati di costo o dai revenue data.

La possibilità di modificare e personalizzare i grant di accesso anche attraverso la visualizzazione dei dati di costo o della revenue garantisce a GA4™ una flessibilità mai avuta in precedenza.

Data Streams

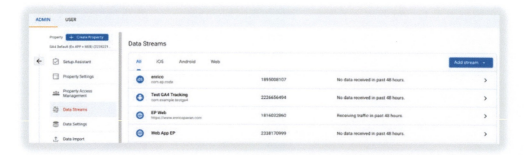

Fig. 5: GA4™ Data Streams

I Data Streams sono il cuore pulsante di GA4™ e ne rappresentano, in pratica, la sorgente di dati che andrà ad alimentare la property creata.

Innanzitutto, ricordiamoci che **in Universal Analytics**, le proprietà sono il luogo in cui vengono raccolti i dati di Google Analytics. Possiamo regolare le impostazioni per modificare il modo in cui vengono raccolti i dati, ad esempio abilitando filtri di inclusione ed esclusione. Per i clienti di Google Analytics 360™, possiamo anche creare una proprietà roll-up per collegare insieme i dati in tutte le nostre proprietà digitali. Una volta che i dati sono stati raccolti a livello di proprietà, le visualizzazioni ci consentono di visualizzare i dati di interesse.

In GA4™, un Data Stream può essere un sito web, un'app iOS o un'app Android. I dati vengono ora raccolti a livello di stream, quindi le modifiche alla raccolta dei dati possono avvenire all'interno dei dettagli del singolo flusso o nel tag di configurazione, nonché nelle impostazioni delle proprietà. Si possono aggiungere più flussi di dati in una proprietà, quindi, le proprietà standard ora possono anche agire come una proprietà di roll-up.

Scopriamo ora in dettaglio come sono composti i Data Streams.

Data Streams – iOS / Android

Fig. 6: GA4™ Data Streams Android

Lo screenshot sopra evidenzia i passaggi richiesti per l'aggancio tra GA4™ e Firebase. Condizione necessaria è ovviamente quella di possedere un'applicazione e che sia tracciata tramite Firebase.

Una volta integrato Firebase basterà seguire gli step che vengono descritti nel configuratore e nel giro di 24/48 ore inizierete a ricevere dati all'interno dello stream dedicato.

Una volta attivato lo stream potrete eventualmente creare o modificare eventi già esistenti oppure creare Measurement Protocol API Secrets.

Data Streams – Web

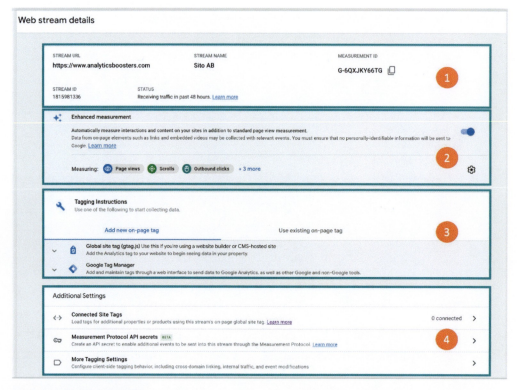

Fig. 6: GA4™ Data Streams Web

Lo screenshot sopra mostra la schermata principale relativa alla creazione/attivazione/modifica di un "Web Stream". In particolare, possiamo spacchettarla in 4 sezioni principali:

1. Stream info
2. Enhanced Measurement
3. Tagging Instruction
4. Additional Settings

1. Stream info

In questa sezione possiamo trovare l'url del sito web a cui fa riferimento lo stream ed il nickname a cui è stato associato. In alto a destra si trova l'informazione più importante, ovvero il measurementID (G-ALFANUMERICO), ovvero il codice da inserire nel file tag di configurazione in GTM oppure tramite gtag nel sito.

Se vogliamo fare un paragone tra GA4™ e Universal Analytics, il measurementID è il corrispettivo della web property in UA (es. UA-1234-1):

GA4™ : MeasurementID = UA : Web Property

Oppure

GA4™ : G-BAXOI123 = UA : UA-12345-1

In questa prima sezione viene inoltre riportato se lo stream sta ricevendo o meno i dati dal sito web... in pratica informa se stiamo inviando almeno le informazioni base allo stream dati

2. Enhanced Measurement

Nella versione GA3, una volta installato il tracking della web property nel sito web (senza alcuna configurazione aggiuntiva), Universal Analytics iniziava a monitorare solo le visualizzazioni di pagina. Per poter visualizzare dei dati minimi di interazione utente-sito bisognava iniziare a implementare dei nuovi tracking (via GTM o via hardcoded/plugin).

Google Analytics 4™, a differenza del predecessore, offre più interazioni ready-to-go che vengono tracciate senza la necessità di modificare il codice del sito Web o crare nuovi tags in GTM. Questo insieme di traking avanzato viene raccolto sotto il nome di "Enhaced Measurement".

Vale la pena notare che alcuni degli eventi presenti nell'Enhanced Measurement potrebbero presentare delle limitazioni e si presenti la necessità di effettuare alcune modifiche via GA4™ stesso o GTM.

Vediamo nel dettaglio alcuni espetti degli Enhanced Measurement.

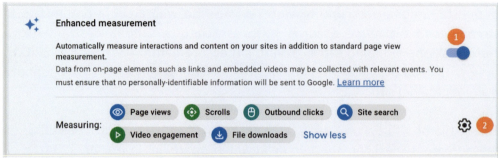

Fig. 7: GA4™ Data Streams Web – Enhanced Measurement

Per attivare l'Enhanced Measurement basta posizionare il toggle (1) su on (status blu – di default), mentre per disattivarli in blocco basta posizionare il toggle su off.

Gli eventi che vengono inviati tramite l'Enhanced Measurement sono:

- PageViews
- Scrolls
- Outbound clicks
- Site Search
- Video Engagement
- File Download

E possono essere apportate delle modifiche cliccando sull'ingranaggio che si trova a destra (2). Le modifiche riguardano principalmente l'attivazione o disattivazione dei singoli elementi oppure la modifica delle pageviews o l'integrazione di un parametro all'interno della site search (vedi screenshot successivo).

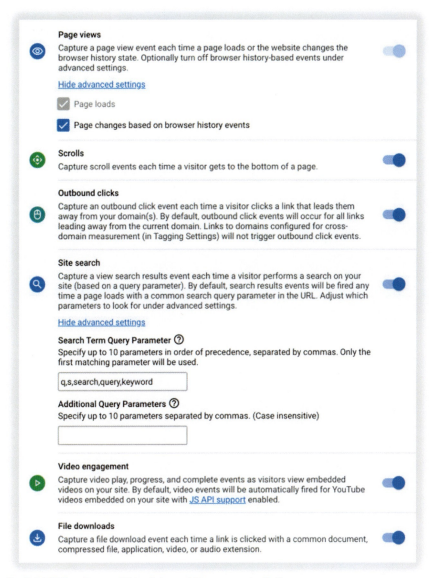

Fig. 8: GA4™ Data Streams Web – Enhanced Measurement – Options

Riportiamo di seguito una tabella riassuntiva con tutti gli eventi e relativi parametri associati all'Enhanced Measurement.

Evento Enhanced Measurement	Riferimento	Attivazione	Parametri
page_view	Visualizzazioni di pagina	Ogni volta che la pagina viene caricata o viene rilevato un History Change (pushState, popState, replaceState) Non è possibile disattivare l'evento come gli altri	page_location (URL pagina), page_referrer (URL pagina precedente)
scroll	Scroll Tracking	La prima volta che un utente arriva alla visualizzazione di pagina del 90%	Nessun parametro associato di default Per modificare lo status % di visualizzazione pagina bisogna modificare il parametro percent_scrolled inizializzandolo con il valore dello scroll threshold di GTM
click	Outbound click	Ogni volta che un utente fa clic su un link che lo reindirizza al di fuori del dominio corrente Questo evento non si attiva se il dominio a cui viene reindirizzato l'utente fa parte del cross domain tracking	link_classes, link_domain, link_id, link_url, outbound (boleano)

Fig. 9: GA4™ Data Streams Web – Enhanced Measurement – Summary

Evento Enhanced Measurement	Riferimento	Attivazione	Parametri
view_search_results	Ricerca Interna al sito	Ogni volta che un utente esegue una ricerca sul sito, indicata dalla presenza di un parametro di ricerca dell'URL. Per impostazione predefinita, l'evento viene attivato in base alla presenza nell'URL di uno dei cinque parametri seguenti: q, s, search, query, keyword Possono ovviamente essere aggiunti ulteriori parametri e categorie di ricerca	search_term, e facoltativamente 'q_<additional key="">' (in cui <additional key=""> corrisponde a un ulteriore parametro di ricerca specificato per essere raccolto con le impostazioni avanzate)
video_start video_progress video_complete	Interazioni con i video di YouTube incorporati nel sito	Per i video di YouTube incorporati con il supporto dell'API JS abilitato, vengono attivati i seguenti eventi: video_start: all'avvio della riproduzione del video video_progress: quando l'avanzamento del video supera una durata del 10%, del 25%, del 50% e del 75% video_complete: al termine del video	video_current_time: Il timestamp corrente del video in cui si trova l'utente (in secondi) video_duration: durata del video in secondi video_percentage: La soglia del video (senza il segno %) video_provider: il valore di questo parametro è sempre "youtube" video_title: titolo del video url_video: l'URL del video visibile: restituisce "1" se il player del video è visibile sullo schermo mentre viene tracciato il video engagement dell'utente
file_download	Download file	Quando un utente fa clic su un link che rimanda a un file con un'estensione comune basata sulla seguente regex: pdf|xlsx?|docx?|txt|rtf|csv|exe|key|pp(s|t|tx)|7z|pkg|rar|gz|zip|avi|mov|mp4|mpe?g|wmv|midi?|mp3|wav|wma	file_extension: contiene l'estensione del file, ad es. "pdf", "docx", ecc. file_name: contiene il nome del file. Se l'URL selezionato è sito.com/nomefile.pdf, il valore del parametro sarà "nomefile"). link_text: Il testo del link cliccato per aprire/scaricare il file. link_url l'URL del collegamento al file su cui è stato fatto clic, ad es. https://www.sito.com/nomefile.pdf

Fig. 10: GA4™ Data Streams Web – Enhanced Measurement – Summary

Come si può notare, gli enhanced measurement permettono di tracciare di default diversi elementi di interazione utente – sito ma necessitano comunque di qualche "aggiustatina", come riportato nel capitolo dedicato.

3. Tagging Instruction

In questa sezione vengono riportate le indicazioni per il tracking tramite script gtag.js o GTM per un sito standard o one page. A seconda del click sulla tab compariranno le istruzioni dedicate (a mio avviso molto stringate).

4. Additional Setting

Questa è un'altra sezione fondamentale del Web Stream in quanto permette di manipolare il settaggio degli eventi e delle opzioni dello stream.

A sua volta questo gruppo di funzioni può essere suddiviso in tre subsets:

- Connected Site Tags
- Measurement Protocol API Secret
- More Tagging Settings

Connected Site Tags: questa funzione si applica solo nel caso in cui il sito di riferimento sia già tracciato tramite codice gtag.js con Universal Analytics attivo. In pratica è possibile inserire il MeasurementID di GA4™ all'interno dello script in modo da "clonare" i tracking già presenti nella vecchia property.

Measuremente Protocol API Secret: Il protocollo di misurazione di Google Analytics per Google Analytics 4™ consente agli sviluppatori di effettuare richieste HTTP per inviare eventi direttamente ai server di Google Analytics. In particolare, questo semplifica la misurazione delle interazioni che si verificano da server a server (es. invio del pagamento con bonifico ricevuto, chiusura contratto tramite call center, ecc).

Rispetto a Universal Analytics, però, in GA4™ l'invio dei dati è subordinato alla conoscenza e inserimento dell'API Secret, ovvero una chiave appunto segreta. Questa accortezza permette a GA4™ di evitare il tanto temuto spam data sending che si verifica invece nella versione Universal Analytics. Senza l'API Secret, infatti, nessun dato può essere inviato a GA4™ in modalità server-to-server da applicazione esterna.

More Tagging Settings

Questa voce merita un trattamento diverso dalle prime due in quanto molto ricca di core-features per GA4™.

Possiamo suddividere in due macro categorie le features presenti in questa sezione:

1. Event Settings
2. Tag Configuration

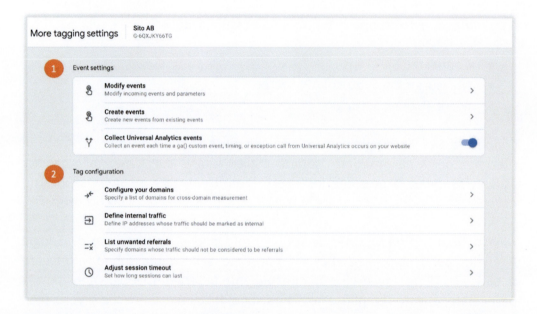

Fig. 11: GA4™ Data Streams Web – More Tagging Settings

1. Event Settings

In questa sezione è principalmente possibile **modificare un evento esistente oppure creare un evento partendo da uno già generato**, modificando per entrambi anche i parametri raccolti.

La modifica o creazione di eventi avviene direttamente da interfaccia di GA4™ e non serve quindi passare per GTM o per gli sviluppatori: questo dimostra, da un lato, la grande flessibilità dello strumento, dall'altro il fatto che **SERVE ASSOLUTAMENTE UN MEASUREMENT PLAN** quando si parla di GA4™.

- Anticipando quanto riportato nel capitolo dedicato, un MEASUREMENT PLAN è un documento che contiene tutti i tracking / eventi / parametri che sono stati realizzati in GA4™ e deve servire come una sorta di "diario di bordo" per evitare quelle che spesso definiamo come "stratificazioni geologiche" dei tracking (chi ha fatto cosa e perché ma soprattutto a cosa serve).

Data l'elevata flessibilità di GA4™, partire a tracciare un sito o un'applicazione senza inizializzare un measurement plan è come buttarsi da un aereo senza paracadute!

Tornando alla sezione Event Settings:

- **Modify Event**

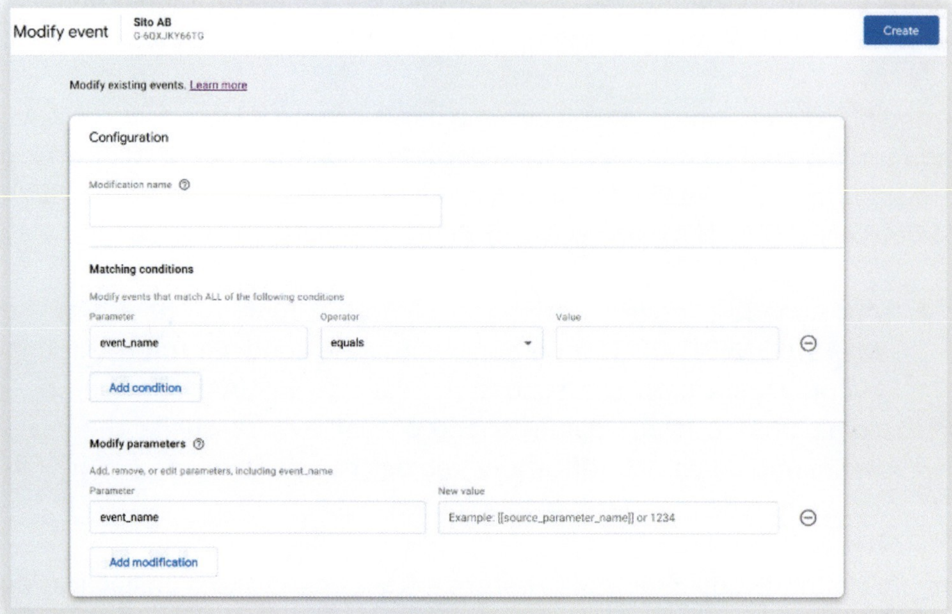

Fig. 12: GA4™ Data Streams Web – Modify Event, Schermata generale

La modifica di un evento genera un overwrite dell'evento individuato nelle condizioni specificate.

La modifica degli eventi non si applica ai dati già raccolti ma viene generta dal momento in cui la modifica è attiva; quindi, troverete un mismatch informativo nell'analisi dei dati storici.

Nella maggior parte dei casi la modifica di un evento avviene in quanto:

- Si vuole rinominare un evento in modo che lo stesso nome evento sia utilizzato nella property dai divesi stream dati
- Correggere un errore di battitura

È molto più semplice l'esecuzione che la spiegazione: procediamo quindi con un paio di esempi.

Esempio 1 – Typo: nella scheda prodotto di un eCommerce viene tracciato il click sul logo del fastpayment di Paypal tramite l'evento payapl_checkout. Si vuole quindi fixare il typo e sovrascrivere l'evento con paypal_checkout.

Per poter procedere alla modifica bisogna accedere al pannello di modifica e:

- Fornire un conventional name interno per ricordarci la tipologia di modifica effettuata
- Inserire le condizioni di match per effettuare la modifica (nome evento e/o parametri associati)
- Inserire le condizioni di modifica effettiva (nome evento e/o parametri associati) che si vuole apportare

Nell'esempio descritto la situazione all'interno della sezione modifica sarà la seguente:

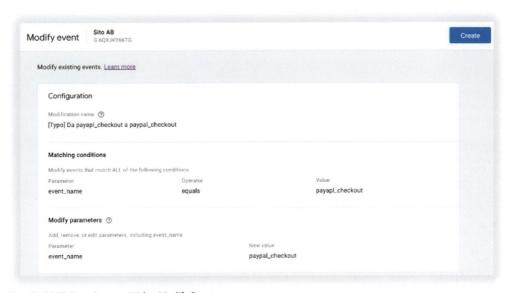

Fig. 13: GA4™ Data Streams Web – Modify Event

Nella sezione "Modification Name" è stato inserito tipologia [Typo] e titolo della modifica (Da payapl_checkout a paypal_checkout); il matching condition è relativo all'evento contenente il typo mentre nel modify parameters viene inserito il nome nuovo dell'evento specificandolo nell'event_name.
Se la configurazione è corretta, basta cliccare create per attivarla.

Esempio 2 – Modifica con parametri: il sito in oggetto lavoro tramite Amazon affiliations e quindi tutte le schede prodotto presenti rimandano ad Amazon per l'acquisto finale.

Di default, GA4™ invia l'evento "click" per segnalare un outbound link click; per il cliente questo dato non è chiaro e vuole modificarlo in amz_affiliation_click.

La procedura per la modifica è la stessa della precedente solo che questa volta, oltre all'event_name sarà presente anche un parametro all'interno della sezione di matching e rewriting.

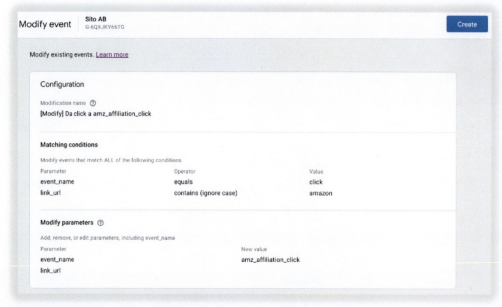

Fig. 14: GA4™ Data Streams Web – Modify Event

Nel modification name sono state inseriti tipologia [Modify] e nome mentre, rispetto all'esempio 1, in questo caso nel matching conditions oltre all'event_name è stato aggiunto il parametro link_url in modo che contenga "amazon".

Nella sezione modify parameters è stato cambiato il nome dell'evento ed eliminato il parametro link_url.

Nota sulla modifica dei parametri

Esistono tre tipologie di modifiche apportabili ai parametri di un evento:

- Inserimento di un nuovo valore
- Copia di un valore parametro
- Rimozione di un parametro dall'evento

Inserimento di un nuovo valore

Per modificare il valore di un parametro evento, selezionare il parametro nel campo Modify Parameters > Parametro, ed inserire il valore da utilizzare nel campo New value.

Ad esempio, per modificare il valore di membership_type in "Platinum", selezionare membership_type e associare "Platinum":

Fig. 15: GA4™ Data Streams Web – Modify Event – Inserimento nuovo valore

Copia di un valore

È possibile sostituire il valore di un parametro con il valore di un altro parametro. Per effettuare questa operazione è necessario inserire il nome del nuovo parametro racchiuso tra doppie parantesi quadrate [[nome parametro]] nel campo "New Value".

Ad esempio, viene rilevato un errore nel metodo di login dell'utente. Il parametro, anziché essere "method" è stato definito come "login_type". Per fixare il parametro basta copiare method in login_type.

Fig. 16: GA4™ Data Streams Web – Modify Event – Copia di un valore

Rimozione di un parametro

Per rimuovere un parametro da un evento, molto semplicemente, basta lasciare il valore del parametro vuoto in fase di modifica.

Ad esempio, l'evento amz_click che identifica i click che portano ad Amazon non ha più bisogno del parametro link_url. Per eliminarlo basta lasciare vuoto il valore di New Value.

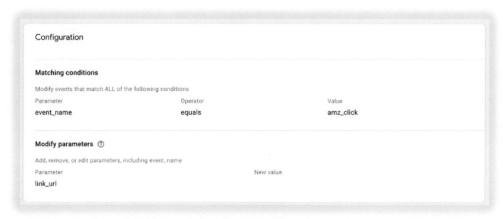

Fig. 17: GA4™ Data Streams Web – Modify Event – Rimozione parametro

- **Create Event**

Oltre alla modifica degli eventi, come detto in precedenza, GA4™ permette agli utenti di creare un nuovo evento direttamente dall'interfaccia, partendo da uno esistente.

Un evento può essere creato mixando event_name e parametri e modificando o meno i parametri che dell'evento originale.

Solitamente la creazione di un evento avviene quando siamo in presenza di:

- Custom conversion di tipo destinazione
- Custom Conversion in generale
- Necessità di mixiare più parametri

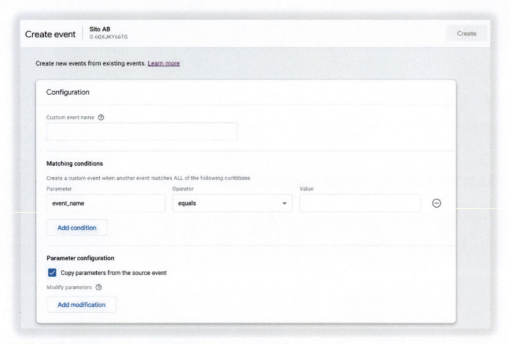

Fig. 18: GA4™ Data Streams Web – Modify Event – Creazione Evento

L'interfaccia di creazione dell'evento, mostrata nello screenshot di pagina precedente, è molto simile a quella di modifica evento ma presenta delle sostanziali differenze:

- Non è presente il Modification Name
- Viene richiesto subito il nome del nuovo evento
- I parametri di default sono copiati dall'evento originale

Ovviamente è possibile apportare modifiche ai parametri come già visto per il Modify Events.

Anche in questo caso, per spiegarlo meglio, ci avvaliamo di due esempi.

Esempio 1
Si vuole creare un evento chiamato "high_tier" quando viene generato un acquisto superiore ai 200€ in un eCommerce.

Fig. 19: GA4™ Data Streams Web – Modify Event – Creazione Evento

In questo esempio viene generato il nome dell'evento high_tier se, partendo dall'evento esistente purchase, l'acquisto supera la soglia (value) dai 201€ in su. I parametri associati al purchase vengono copiati in questo evento.

Esempio 2

Si vuole creare un evento "free_shipping_ok" quando l'utente inserisce a carrello prodotti per un valore superiore ai 150€.

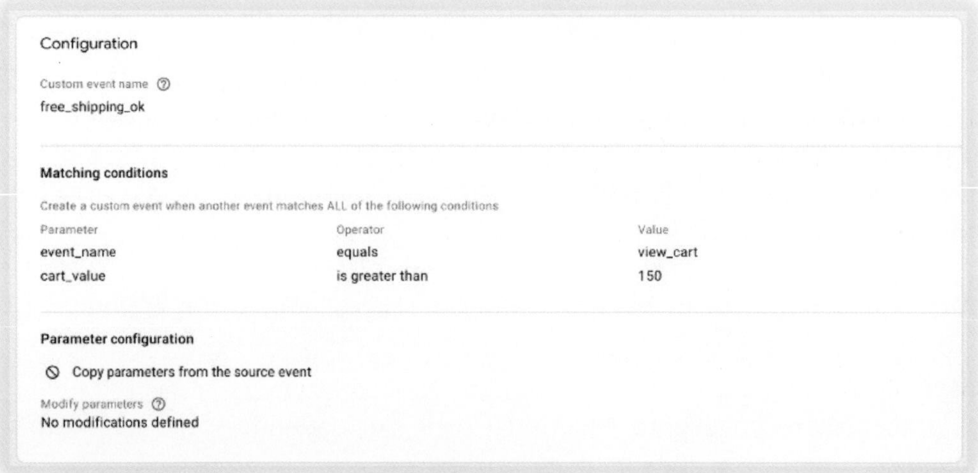

Fig. 20: GA4™ Data Streams Web – Modify Event – Creazione Evento

In questo caso l'evento scatta quando l'utente visualizza il carello e la soglia (custom parameter) definita dal cart_value è superiore ai 150€. Non vengono ereditati i parametri dell'evento view_cart.

- **Collect Universal Analytics Events**

Attivando il toggle viene abilitata un'impostazione di Google Analytics 4™ che consente di raccogliere hit analytics.js come eventi nella property di GA4™.

Condizione indispensabile per far funzionare questo import di eventi è che ovviamente il sito sia tracciato in modalità hardcoded – senza utilizzo di Tag Management System – tramite il codice di Google Universal Analytics (analytics.js) e quello di GA4™ (gtag.js).

Se tale condizione è rispettata, GA4 inizierà a collezionare dati in modo automatico relativamente a:

- Event Hit (classici eventi categoria/azione/etichetta raccolti con analytics.js)
- Time (eventi relativi al tempo utenti o caricamento pagina)
- Eccezioni

Purtroppo, però questa feature non supporta:

- Custom Dimensions & Metrics
- User ID
- Dati di Enhanced Ecommerce (eCommerce avanzato)

Nella tabella sotto viene riportato un esempio di classic event tracciato con Universal ed il corrispondente rilevato in GA4™ attivando questa funzione.

Evento	Tracking UA	Dati in GA4™
Click sulla CTA "Maggiori Dettagli" in Home Page	ga('send', 'event', 'Home Page', 'CTA Clicked', 'Maggiori Dettagli');	Nome evento: CTA Clicked Parametri evento: event_category = 'Home Page' event_label = 'Maggiori Dettagli'

Fig. 21: GA4™ Data Streams Web – Collect Universal Analytics Events

2. Tag Configuration

In questa sezione è possibile modificare alcuni aspetti della data collection legati a:

- **Configure your domain:** ovvero modificare direttamente da interfaccia il cross domain tracking
- **Define Internal traffic:** finalmente si possono eliminare le sessioni generate da utenti interni o agenzie/collaboratori tramite esclusione IP
- **List unwanted referrals:** in questo caso è possibile dichiarare quali sono i domini che non devono essere considerati come referrer
- **Adjust Timeout session:** oltre a modificare il timeout di sessione, tramite questa feature è possibile modificare la durata dell'engaged session

Vediamo nel dettaglio i primi due punti mentre per gli unwanted referrals e adjusted timeout potete trovare un approfondimento nelle sezioni dedicate.

- **Configure your domain**

In Universal Analytics, tracciare correttamente l'utente che dal dominio miosito.com passa a miosito.it comportava dei passaggi su GTM e sulla configurazione della variabile Google Analytics che non sempre erano eseguiti correttamente.

In GA4™ tutti questi passaggi si riducono ad uno! Semplicemente basta *inserire all'interno dell'interfaccia dedicata i domini che fanno parte del cross-domain tracking e verificare il corretto passaggio dei cookie.*

Condizione necessaria, ovviamente, è che i due -o più- domini contengano lo stesso codice di tracciamento di GA4™.

Il tracking cross domain disabilita, di conseguenza, l'Outbound link tracking degli Enhanced Events in quanto il dominio esterno ora rientra tra quelli da considerare nella stessa property

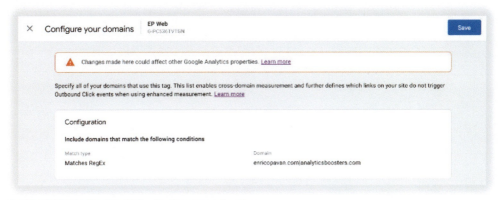

Fig. 22: GA4™ Data Streams Web – Configure your domains

Nell'esempio sopra quando l'utente passa da enricopavan.com a analyticsboosters.com e viceversa verrà conteggiato come un utente unico e stessa sessione.

Quando parliamo di cross domain tracking è bene ricordare che:

- **Senza** il cross domain tracking, vengono impostati nuovi cookie con nuovi clientID per ogni dominio visitato dall'utente. GA4™ conteggia questi nuovi cookie come utenti distinti con sessioni separate.

- **Con** il cross domain attivo, il clientID viene inviato da un sito a un altro tramite un parametro URL identificato dalla chiave **_gl,** ad esempio **https://www.analyticsboosters.com/?_gl=23*asdf*12** e l'utente rimane unico durante la navigazione intersito

- **Define Internal Traffic**

Finalmente è possibile escludere il traffico interno tramite indirizzo IP: è dal 2014/15 che in Universal Analytics non si possono escludere le sessioni provenienti da specifici IP a causa dell'anonimizzazione dell'ultima tripletta dell'IP stesso (anche se spesso, in molti casi, si possono trovare filtri "escludi IP < nome cliente / agenzia> ancora oggi).

Ora in GA4™ tale esclusione diventa molto semplice in quanto basta definire una o più rules che contengono gli IP da escludere e associarla al filtro di esclusione.

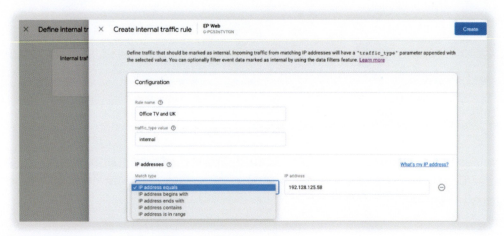

Fig. 23: GA4™ Data Streams Web – Define Internal Traffic

Una volta definita la rule basta passare alla sezione "Data Settings > Data Filter" (attenzione spoiler) per attivarlo.

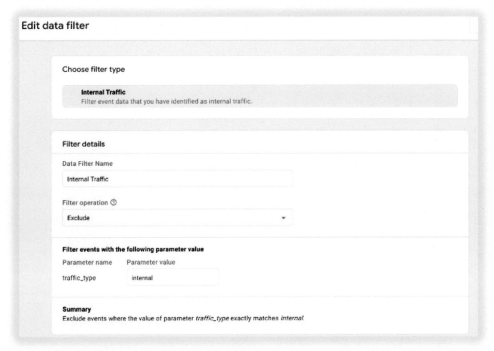

Fig. 24: GA4™ Data Streams Web – Define Internal Traffic

Nella sezione dedicata ai filtri verrà approfondito ogni singolo dettaglio.

Data Settings

All'interno della sezione dedicata al Data Settings sono presenti tre macro aree relative a:

- Data Collection

- Data Retention

- Data Filters

Data Collection

In questa subsection sono presenti tre accordions, come riportato nello screenshot sotto.

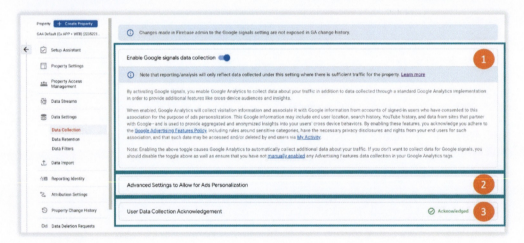

Fig. 25: GA4™ Data collection

1. **Google Signals**: include i dati di sessione provenienti dai siti e dalle app che Google associa agli utenti che hanno eseguito l'accesso ai propri Account Google e che hanno attivato la **personalizzazione degli annunci**. Google Signals consente di creare report cross-device, utilizzare il remarketing cross-device ed esportare le conversioni cross-device in Google Ads. Inoltre, è uno degli elementi utilizzati per riconoscere gli utenti durante la selezione del Report Identity.

   I dati di Google Signals, a differenza di quelli di GA4, non vengono esportati in BigQuery e, soprattutto, non identificano i nuovi utenti ma vengono elaborati solo per gli utenti che sono già stati monitorati.

   Prima di abilitare Google Signals solitamente deve esserci un passaggio con il DPO/A in quanto Google Analytics andrà a raccogliere dati aggiuntivi sulla navigazione degli utenti che fanno parte della sfera privacy e accettazione cookie terze parti.

2. **Advanced Settings to Allow for Ads Personalization:** Quando la personalizzazione degli annunci è consentita, è possibile esportare i segmenti di pubblico e le conversioni di Google Analytics negli account Ads collegati.
   Di default l'Ads Personalization è attiva in 306 countries ma è possibile ridurre questo numero cliccando sull'icona a forma di ingranaggio presente all'interno dell'accordion.

3. **User Data Collection Acknowledgement:** è il "contratto" che viene siglato con Google in cui si afferma di disporre di tutte le autorizzazioni a livello di privacy per la raccolta ed elaborazione dei dati utenti, inclusa l'associazione di tali dati con le fonti Google Analytics raccolte nel sito e/o app

Data Retention

Fig. 26: GA4™ Data Retention

Nella sezione dedicata alla Data Retention è possibile impostare il periodo di tempo prima che i dati a livello di utente memorizzati da Google Analytics vengano eliminati automaticamente dai server di Analytics stesso.

La Data Retention riguarda i dati a livello di utente ed evento associati a cookie, identificatori utente (ad esempio User ID) e identificatori pubblicitari (ad es. User-ID) e identificatori pubblicitari (ad es. cookie DoubleClick, ID pubblicità di Android [AAID o AdID], Identifier for Advertisers [IDFA] di Apple).

Nota: in GA4™ i dati demografici (età, genere ed interessi) vengono eliminati di default dopo 2 mesi di inattività degli utenti. I dati di Google Signals invece vengono conservati, di base, per 26 mesi ma se l'opzione di Data Rention è minore, anche i dati di Signals si adatteranno alla nuova scadenza.

Per le proprietà di Google Analytics 4™ i dati a livello di utente, comprese le conversioni, possono essere conservati per massimo 14 mesi. Per tutti gli altri dati evento, la data retention può essere scelta tra:

- 2 mesi

- 14 mesi

Per le proprietà GA4 360™ la Data Retention può estendersi fino ad un massimo di 50 mesi.

Reset Toggle

Se il toggle è settato su ON, il periodo di Data Retention viene ricalcolato ogni volta che l'utente genera un nuovo evento all'interno dell'app o sito. Ad esempio, se la Data Retention è impostata su 14 mesi, ma un utente avvia una nuova sessione ogni mese, il suo identificatore viene aggiornato ogni mese e non raggiunge mai la scadenza di 14 mesi. Se l'utente non avvia una nuova sessione prima della scadenza del periodo di conservazione, i suoi dati vengono eliminati.

La funzionalità di reset viene applicata solo ai dati a livello di utente.

Osservazione

Vista la data retention limitata rispetto a Universal Analytics è consigliabile iniziare fin da subito a raccogliere dati all'interno di BigQuery – collegamento gratuito- in modo da garantire uno storico su cui poter effettuare confronti.

Data Filters

Fig. 27: GA4™ Data Filters

In GA4™ i filtri funzionano come in Universal Analytics: permettono di modificare in dati raccolti dalla property in modo permanente una volta attivati.

Attualmente in GA4™ si possono attivare solo due tipologie di filtri: Developer Traffic e Internal Traffic e si possono creare al massimo 10 filtri per property.

- **Developer Traffic:** è il traffico di test identificato con il parametro dell'evento debug_mode = 1 o debug_event = 1. Se si esclude il developers traffico tramite filtro, è possibile comunque visualizzarlo nella sezione Debug di GA4™

- **Internal Traffic:** Il traffico interno è qualsiasi traffico proveniente da un indirizzo IP o da un intervallo di indirizzi IP specificato. L'esclusione dell'IP avviene tramite rule generate nella sezione More Tagging Settings > Define Internal traffic presentata nel capitolo precedente. Una volta generata la rule, il parametro traffic_type viene aggiunto automaticamente a tutti gli eventi e ha il valore del parametro specificato.

Rispetto a Universal Analytics, i filtri presentano anche tre tipologie di status:

- **Testing**: Analytics sta valutando il filtro ma non applica modifiche permanenti e i dati corrispondenti vengono identificati con il nome e il valore della dimensione seguenti: Nome dimensione: nome del filtro dati di prova, Valore dimensione: <il nome del filtro dati>

- **Active**: Analytics sta valutando il filtro e applicando modifiche permanenti.

- **Inactive**: Analytics non sta valutando il filtro.

Sicuramente il poter testare un filtro prima di attivarlo nella property permette di valutare la bontà del filtro stesso e di non compromettere la data collection con eventuali errori di configurazione.

Bot Traffic Exclusion

Una delle principali piaghe che hanno coinvolto la data collection di Universal Analytics sono state sicuramente le visite da Bot. Ad intervalli regolare, infatti, capitava un'impennata di traffico non reale causata da spam traffic proveniente dalle più disparate regioni e protocolli di misurazione.

Nelle proprietà di Google Analytics 4, il traffico proveniente da bot e spider noti viene automaticamente escluso. Ciò garantisce che i dati Analytics, per quanto possibile, non includano eventi di bot noti.

Il traffico dei bot viene identificato utilizzando una combinazione di ricerche di Google e dall'International Bots and Spiders List, gestito dall'Interactive Advertising Bureau (IAB).

Data Import

Anche in GA4™ è possibile importare dati da fonti esterne, online e offline: rimandiamo alla sezione dedicata per un approfondimento.

Report Identity

Fig. 27: GA4™ Report Identity

Google Analytics 4™ utilizza 3 diversi tipi di reporting identity per identificare l'utente cross section e cross device:

- User ID
- Google Signals
- ID del dispositivo

User-ID
Lo User-ID è l'identificativo più preciso attualmente in possesso ai marketers per identificare in modo univoco l'utente. Viene sganciato solitamente al login o alla registrazione dell'utente al sito e corrisponde spesso all'id presente nei CRM o altri database. Condizione necessaria per utilizzare lo User-ID è che tale ID sia univoco e persistente per il singolo user.

Google Signals

Google Signals sono i dati degli utenti che hanno eseguito l'accesso a Google. Quando i dati di Google Signals sono disponibili, Analytics associa i dati sugli eventi che raccoglie dagli utenti agli account Google degli utenti che hanno eseguito l'accesso che hanno acconsentito alla condivisione di queste informazioni.

ID del dispositivo

Analytics può anche utilizzare l'ID dispositivo come identificativo dell'utente. Sui siti Web, l'ID dispositivo è rappresentato dal clientID mantre nelle app, l'ID dispositivo è l'app-instance ID.

Il report identity della property determina il modo in cui Analytics associa gli eventi agli utenti. Nelle proprietà GA4, i dati vengono elaborati utilizzando tutti gli identity spaces disponibili. Quando un utente attiva un evento sul sito o app, Analytics verifica innanzitutto se è presente la user-ID. Se non è presente, Analytics cerca di differenziare gli utenti in base ai dati di Google Signals. Se i dati di Google Signals non sono disponibili, Analytics si basa sull'ID dispositivo per differenziare gli utenti.

L'utilizzo del report identity permette di deduplicare gli utenti unificare la customer journey degli utenti del sito e applicazione.

Attribution Setting

Di default GA4™ applica il Data Driven Attribution model a tutte le proprietà. Maggiori informazioni sono presenti nel capitolo dedicato.

Property Change History

In questa sezione, come anche in Univeral Analytics, è possibile analizzare i cambiamenti/modifiche effettuate alle impostazioni durante un determinato arco temporale

Data Deletion Request

Premessa: è necessario avere i permessi di Editor per effettuare la richiesta di data deletion.

La Data Deletion è una funzionalità che permette di eliminare determinati cluster di dati dai server di GA4™.

Si possono avere un massimo di 12 richieste attive per property in qualsiasi momento. Si può annullare la richiesta di cancellazione entro 7 giorni da quando è stata creata. Durante questi 7 giorni, detti "grace time", all'interno dei report di Explore è possibile visualizzare un'anteprima dei dati eliminati e ottenere quindi una prima valutazione della bontà della richiesta di cancellazione.

Quando un'eliminazione viene completata, da quel momento in poi tutte le informazioni storiche sulla campagna non sono più disponibili per l'attribuzione. Il credito di attribuzione in futuro potrebbe andare ad altre campagne (se disponibili da clic sugli annunci di prima parte o informazioni sulla nuova campagna raccolte dopo l'eliminazione) oppure sarà considerato "diretto".

Questa funzione è molto utile in caso il sito o l'app, per errore, inizino ad incamerare dati considerati PII (Personal Identifiable Information), ovvero dati che identificano l'utente e che non si possono tracciare con Analytics.

Esempi di PII sono la mail dell'utente, il codice fiscale, la targa dell'auto, ecc.

Tipologie di cancellazione

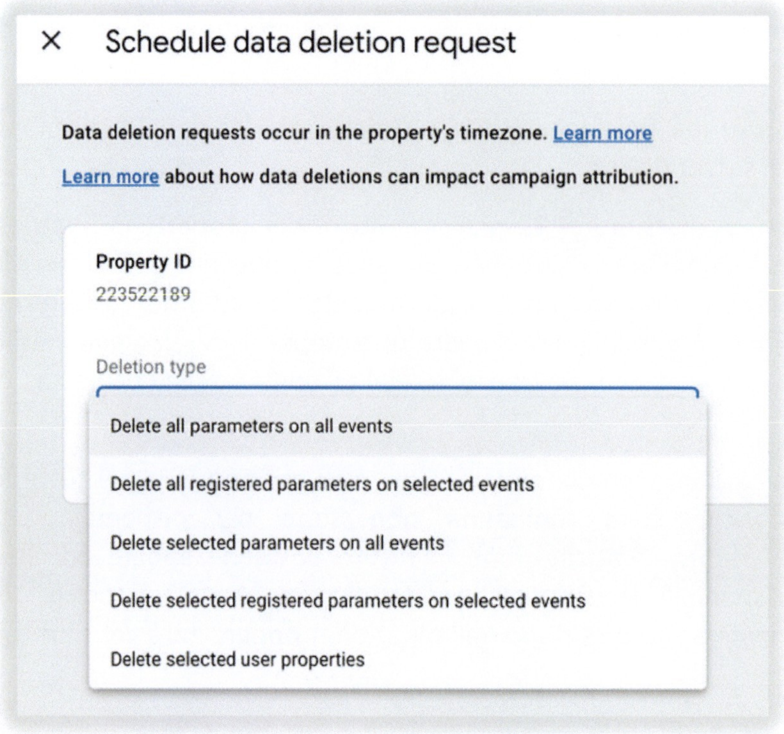

Fig. 28: GA4™ Data Deletion Type

Esistono 5 diverse tipologie di richieste di cancellazione in GA4™:

- Selezionare **Delete all parameters on all event:** per eliminare tutti i parametri registrati e raccolti automaticamente in qualsiasi/tutti gli eventi.
  Analytics non elimina i parametri numerici, i parametri di testo derivati da identificatori attendibili interni, né i valori riservati "", "(not set)" e "(data deleted)".
- Selezionare **Delete all registered parameters on selected events** per eliminare tutti i parametri registrati raccolti in un elenco di eventi selezionato nella schermata successiva
- Selezionare **Delete selected parameters on all events** per eliminare i parametri registrati e/o raccolti automaticamente selezionati nella schermata successiva.
-

- Selezionare **Delete selected registered parameters on selected events** per eliminare i parametri registrati selezionati nel passaggio successivo in un elenco di eventi selezionato anche nella schermata successiva
- Selezionare **Delete selected user properties** per eliminare le proprietà utente

Per eliminare i dati bisogna anche selezionare un periodo di tempo tramite start – ending ed è possibile specificare la presenza o meno di un carattere o stringa/numerico presente nel parametro in modo da matchare la richiesta. Tale tipologia di matching viene fatta in modalità "Contiene" e "Case Unsensitive".

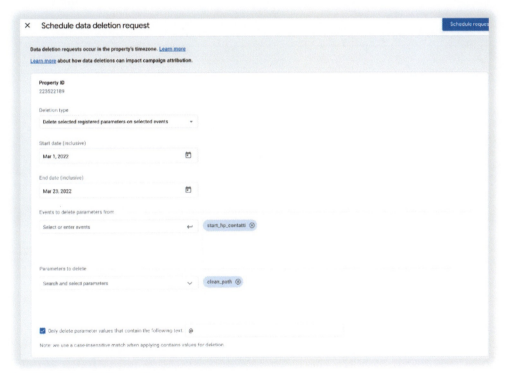

Fig. 29: GA4™ Data Deletion esempio

Nell'esempio riportato nello screenshot, viene richiesto di cancellare una tipologia di parametro per un evento specifico, registrato durante il periodo 1-22 marzo 2022 e il parametro vede contenere @ (esempio eliminazione mail settata in GET nell'url post newsletter subscription).

Products Link

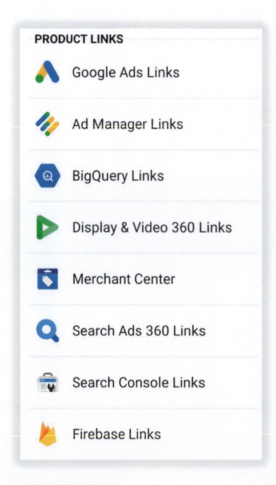

Fig. 30: GA4™ Products Links

GA4™ presenta la possibilità di collegare i dati della property con un numero molto elevato di prodotti made by Google™, molti di più rispetto a quelli presenti in Universal Analytics.

Con il rollout di nuove funzionalità l'elenco sopra riportato è destinato a crescere e migliorare. **Consiglio**: tenete sempre sotto controllo la sezione Product Links per ulteriori rilasci!

Google Ads Link

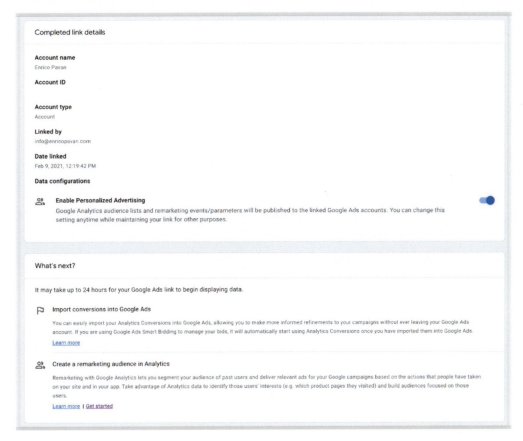

Fig. 31: GA4™ Products Links – Google Ads

L'integrazione tra Google Ads™ e GA4™ è una delle feature legacy derivanti da Universal Analytics.

Collegando una proprietà GA4™ o un progetto Firebase™ a Google Ads™ sarà possibile:

- Importare conversioni, segmenti di pubblico e dati sugli eventi di conversione da app o sito, compresi i parametri.

- Scoprire in che modo le campagne portino l'utente a installare l'app, quali azioni gli utenti compiono sia nell'app che nel sito e incrociare i dati di user behavior con i dati di costo delle campagne intraprese.

Ovviamente il collegamento tra Google Ads™ e GA4™ permette anche di generare delle campagne di remarketing e retargeting super mirate grazie all'import delle audicence di GA4™ ma anche di valutare le campagne intraprese grazie all'import dei dati di costo incrociabili con i dati di comportamento degli utenti.

Le proprietà Google Analytics 4 possono essere collegate ai singoli account Google Ads (max 400 per property) e agli account amministratore.

Per collegare l'account Google Ads a GA4™ è necessario:

- Avere i permessi di editor in Analytics

- Essere admin dell'account Ads da agganciare (se si collega un account Admin di GAds tutti i dati importati in Analytics saranno disponibili per tutti i clienti)

Una volta verificati i punti sopra basta seguire la procedura guidata mostrata da GA4™, attivando la codifica automatica delle campagne e settare Enable Personalized Advertising su ON se si vogliono importare i segmenti e le audicence per remarketing e retargeting.

GA4™ e Google Ads™ possono essere scollegati in qualunque momento ricordando che:

- I dati Google Ads™ (ad es. clic, impressioni, CPC e così via) provenienti da account Google Ads™ scollegati non sono visibili nei report Analytics.

- Le dimensioni storiche di Google Ads™ (ad es. Nome campagna, ID gruppo di annunci), raccolte prima dell'eliminazione del collegamento, continueranno a essere disponibile in Analytics. Tutti i nuovi dati relativi a queste dimensioni risultanti dai clic effettuati da un account Google Adst scollegato verranno visualizzati con l'indicazione (not set) insieme alle metriche Google Adst (ad es. Costo, Clic) per tutti gli intervalli di date.

- I segmenti di pubblico per il remarketing di Analytics non registrano più nuovi utenti negli account Google Ads™ scollegati.

- Gli account Google Ads™ scollegati interrompono l'importazione delle conversioni da Analytics.

Ad Manager Link

Google Ad Manager è una piattaforma di gestione degli annunci per i grandi publisher. Ad Manager supporta più reti e scambi di annunci, inclusi AdSense, Ad Exchange, reti adv di terze parti.

Condizione necessaria per l'attivazione del link è la presenza dell'SDK di Firebase nell'app di riferimento ed avere i permessi di Admin in Ad Manager e di Editor in GA4™.

Una volta collegati i software, in GA4™ verranno mostrate le seguenti dimensioni e metriche:

Dimensioni

- Formato dell'annuncio

- Origine annuncio

- Unità pubblicitaria

- Percorso pagina + stringa di query e classe schermata

Metriche

- Esposizione dell'unità pubblicitaria

- Clic sugli annunci del publisher

- Impressions degli annunci del publisher

- Entrate pubblicitarie totali

BigQuery Link

Google BigQuery è un Data Warehouse basato su cloud che fornisce un servizio Web di analisi dei big data per l'elaborazione dei dati. È destinato all'analisi dei dati su larga scala. È costituito da due componenti distinti: Storage e Query Processing. Utilizza il Dremel Query Engine per elaborare le query ed è basato sul file system Colossus per l'archiviazione. Questi due componenti sono disaccoppiati e possono essere ridimensionati in modo indipendente e su richiesta.

Google BigQuery è completamente gestito da Google Cloud Platform ed è progettato per elaborare dati di sola lettura. Dremel e Google BigQuery utilizzano Columnar Storage per la scansione dei dati, nonché un'architettura ad albero per eseguire query utilizzando ANSI SQL e aggregare i risultati su cluster. Inoltre, grazie al suo breve ciclo di implementazione e ai prezzi on-demand, Google BigQuery è serverless e progettato per essere estremamente scalabile.

I principali vantaggi di BigQuery sono:

- *Performance:* il partizionamento è supportato da BigQuery, che migliora le prestazioni delle query. I dati possono essere facilmente interrogati utilizzando SQL o Open Database Connectivity (ODBC).

- *Scalabilità*: essendo abbastanza elastico, BigQuery separa il calcolo e l'archiviazione, consentendo di ridimensionare le risorse di elaborazione e memoria in base alle proprie esigenze. Lo strumento ha una notevole scalabilità verticale e orizzontale ed esegue query in tempo reale su petabyte di dati in un periodo molto breve.

- *Sicurezza*: quando esiste un'autorizzazione di terze parti, gli utenti possono utilizzare OAuth come approccio standard per ottenere il cluster. Per impostazione predefinita, tutti i dati sono crittografati e in transito. Cloud Identity and Access Management (IAM) consente di ottimizzare l'amministrazione.

Benefici dell'integrazione BigQuery con GA4

L'integrazione di GA4 con BigQuery consente di ottenere l'accesso diretto alle informazioni granulari. Google Analytics 4 aiuta i data scientist e gli analisti a prendere decisioni aziendali migliori grazie a informazioni fruibili. Google BigQuery consente alle aziende di condurre analisi interattive a costi contenuti. Google Cloud offre una miriade di strumenti e funzionalità.

In particolare, l'integrazione tra i due strumenti permette:

- **Integrazione del data warehouse e query complesse**: consente di unire automaticamente l'attività su sito/app tracciata tramite Google Analytics 4 ai sistemi CRM agganciati a Google BigQuery.
- **Privacy Compliant**: tramite il collegamento GA4 BigQuery, è possibile semplicemente le posizioni di archiviazione dei dati, comprese scelte come UE, USA o specifiche per paese (Sydney, Taiwan, Francoforte e molti altri) per conformarti a specifici framework di governance dei dati.
- **Accessibilità**: con Google Analytics 4, ogni utente può collegare i propri dati a BigQuery senza disporre di alcun account GA360 (Enterprise).
- **Algoritmi di Machine Learning**: si possono utilizzare molte funzioni prediction presenti in BigQuery
- **Campionamento**: BigQuery raccoglie il dato grezzo, non campionato
- **Retention**: i dati inviati a Big Query non sono soggetti alla retention prevista per GA4™ (a patto che si utilizzi la versione a pagamento e non sandbox di BQ – max 2 mesi di storage)

Collegare BigQuery a GA4™

Per collegare i due strumenti basta seguire le indicazioni che compariranno a video ma sarebbe meglio:

- Avere già attivo un Account Google Cloud Platform
- Avere attivo un Account / Progetto BigQuery

In questo modo si evitano errori e basta seguire, come detto precedentemente gli step che appaiono a video.

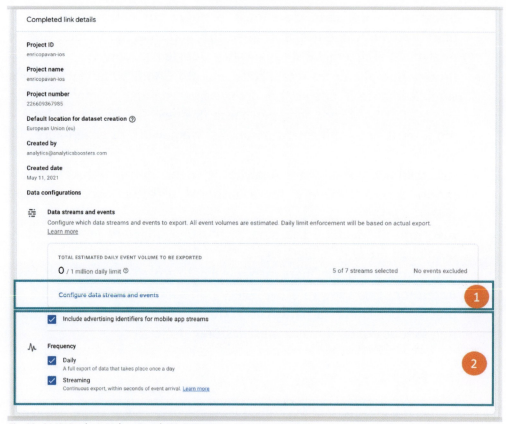

Fig. 32: GA4™ Products Links – Google BigQuery

Durante la configurazione del link è possibile scegliere (1) quali datastream e quali eventi inviare a BigQuery e (2) la frequenza di invio / import dei dati giornaliera e lo streaming ovvero la possibilità di importare e analizzare i dati di GA4™ in near real time.

Le possibilità di scelta presentate da GA4™ permetto agli account che generano un elevato volume di eventi di scegliere quali esportare in modo da focalizzare l'analisi su dati significativi senza eccedere il limite impostato da GA4™ (1M daily event).

Ovviamente BigQuery si collega nativamente anche a DataStudio™ e quindi può essere utilizzato come data source per la rappresentazione di più streams interconnessi tra loro (CRM, GA4™, ecc).

Display & Video 360 Link

Tramite GA4 è possibile integrare nativamente la property analytics con quella di Display & Video 360 alla stregua di un collegamento Google Ads.

Per effettuare il collegamento bisogno essere in possesso di almeno i grant di tipo Editor per GA4™ e di Admin per Display & Video 360. In alternativa, se non si dispongono degli accessi Admin a D&V 360 si può procedere comunque al collegamento inviando una richiesta all'account che presenta il ruolo di Admin di D&V 360, che completerà poi il processo.

Collegando i due software:

- Analytics esporta i segmenti di pubblico e le conversioni in Display & Video 360.
- Display & Video 360 viene visualizzato come fonte di traffico nei rapporti di Analytics.
- I dati sulle campagne e sui costi di Display & Video 360 vengono importati in Analytics.
- Si possono esportare i segmenti di pubblico (no dati demografici)

Attenzione: Quando Analytics esporta le conversioni, utilizza il modello di attribuzione dell'ultimo clic.

Merchant Center

Da marzo 2021 è possibile collegare il Merchant Center con GA4™ ed inizializzare uno scambio di dati molto utile in entrambi gli strumenti.

Condizione per il collegamento è il tagging automatico settato nel Merchant Center e le autorizzazioni Admin in MC e Editor in GA4™. Il parametro srstlid viene aggiunto ai collegamenti generati da Google Merchant Center nei risultati di ricerca organica di Shopping (ad es. www.example.com?srstlid=123xyz).

In GA4™ verranno quindi visualizzati i dati relativi:

- Piattaforma di origine: schede Shopping

- Sorgente: Google

- Mezzo: ricerca organica

- Campagna: (non impostata)

- Raggruppamento dei canali predefinito: Shopping organico

Esportare le conversioni

Analytics esporta e rende disponibili gli eventi di conversione purchase e in_app_purchase in Merchant Center. I report sulle conversioni di Merchant Center utilizzeranno il modello di attribuzione configurato nella proprietà Google Analytics 4™ collegata.

Limiti

L'integrazione tra gli account Merchant Center e le proprietà Google Analytics 4 è di tipo many-to-many:

- Si possono collegare più account Merchant Center (inclusi gli account multi-cliente) a una singola proprietà Analytics. Ogni account Merchant Center viene visualizzato come collegamento univoco in Analytics. Non si possono collegare account multi-cliente e un account secondario dell'account Merchant Center alla stessa proprietà Analytics.

- Si possono collegare più proprietà Analytics a un singolo account Merchant Center, inclusi gli account multi-cliente. Ogni proprietà Analytics viene visualizzata come collegamento univoco in Merchant Center.

Search Ads Link

Il collegamento tra GA4™ e Search Ads Link permette di:

- Esportare da Analytics le conversioni in Search Ads 360 (modello last click)

- Importare i dati di costo di Search Ads 360 in Analytics (visibili nell'advertising workspace e nei report di GA4™)

- Le metriche di Analytics sul coinvolgimento con app e siti sono disponibili nei report di Search Ads 360 (solo se hai eseguito l'upgrade alla nuova esperienza Search Ads 360)

Search Console Link

Per questa integrazione vi rimandiamo al capitolo dedicato.

Firebase Link

Il link tra Firebase e GA4™ è l'unico elemento che permette di importare i dati di tracking app all'interno di GA4™ stesso.

Per poter generare il collegamento è necessario aver creato un progetto Firebase ed inserito SDK/Tracking all'interno dell'app. Successivamente basta seguire la procedura presente in GA4™ per collegare i due software.

8. Nuova Interfaccia / UI di GA4™

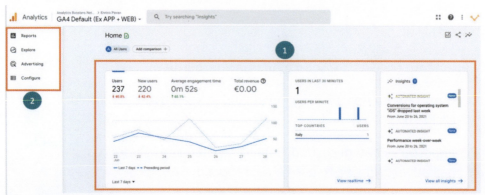

Fig. 1: GA4™ Nuova Interfaccia

Per prima cosa, come si può notare, **l'apertura della property non porta più l'utente nella sezione Real Time ma nella dashboard che prima era conosciuta come Overview e che ora prende il nome di "Report Snapshot" (1)**.

A sinistra il menu (2), che si apre in hover- viene raggruppato in 4 macroaree: **Reports, Explore, Advertising e Configure**; sotto nel footer trovate sempre l'icona dell'ingranaggio che porterà nella sezione Admin della property.

GA4™: Reports

Cliccando su Reports ci troviamo di fronte a questa nuova schermata:

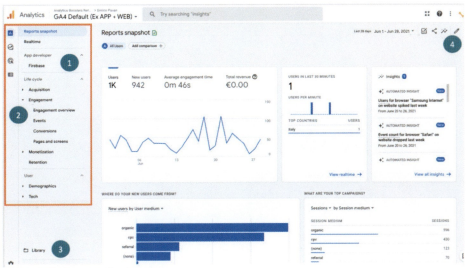

Fig. 1: GA4™ Nuova Interfaccia

1. **I report sono ora disposti per "Collection"** che possono essere modificate tramite l'utilizzo della Library. Di default le collection sono App Developer, Life Cycle e User.
2. Viene ripotato sia il **report dedicato a Firebase** (App Developer) che prima era in modalità visualizzazione mentre sia **gli Eventi che le Conversioni confluiscono entrambi all'interno del report Engagement**
3. Trovate la voce **Library** che, come detto, **vi permette di modificare le Collection**
4. In alto a destra trovate una matita che **permette di editare i singoli report** come vedremo tra poco

La struttura di navigazione dei report standard (collection)

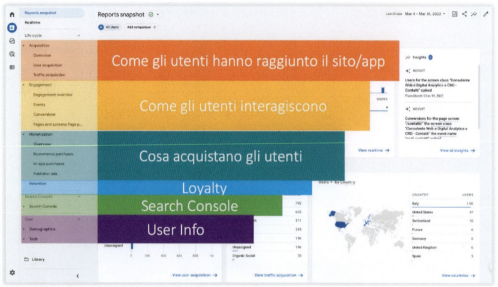

Fig. 1: GA4™ Struttura dei report

Come evidenziato dallo screenshot i report standard (collection) possono essere suddivisi in 6 macro raggruppamenti:

- **Acquisition**: ovvero come gli utenti hanno raggiunti il sito / app; sono presenti due report separati per gli utenti e per il traffico
- **Engagement**: in questa sezione sono raggruppati gli eventi, i conversion event e le pagine/schermate generate dagli utenti del sito / app.
- **Monetization**: sezione dedicata alle informazioni eCommerce web e app con due report separati e agli income derivanti dal publishing
- **Retention**: nuovi utenti vs di ritorno, life time value e coorti
- **Search Console**: report nuovo che si attiva post collegamento tra GA4™ e Search Console stessa
- **User**: all'interno di questo raggruppamento vengono riportati i dati socio demografici e e la tecnologia (es. browser, versione app, ecc) utilizzata dagli utenti per navigare il sito/app

A seconda del collegamento con Firebase, potrà apparire la collection dedicata in cui saranno racchiusi gli eventi dedicati all'app.

Dettaglio singole report collection

In questa sezione vengono riportati i principali dettagli di ogni singola collection "standard" presente in Google Analytics 4™.

NB: le collection possono variare a seconda delle modifiche apportate alle library o ai report stessi, come spiegato nei prossimi capitoli.

RealTime report

Fig. 1: GA4™ RealTime report

Il RealTme Report si trova subito sotto al report snapshot di ingresso a GA4™ ed il primo in cui solitamente ci si imbatte.

Questo report di monitorare l'attività sul sito o nell'app nel momento nell'istante in cui l'utente vi interagisce. La disposizione card presenti nella schermata mostra:

- Numero di utenti negli ultimi 30 minuti (al minuto)
- Utenti per sorgente, mezzo o campagna
- Utenti o nuovi utenti per segmento di pubblico
- Utenti per titolo pagina o nome della schermata
- Conteggio degli eventi in base al relativo nome (che eventi vengono attivati)
- Conversioni per nome evento (conversioni completate)

Come si evince, GA4™ riporta le dimensioni e le metriche con ambito utente nel RealTime report: in altri termini, i dati presenti in questa schermata rappresentano l'acquisizione degli utenti per il sito o app.

Cliccando sul singolo evento, nell'esempio "view_promotion", sarà possibile analizzare tutti i parametri ad esso associati, anche quelli che non sono stati dichiarati come custom dimensions:

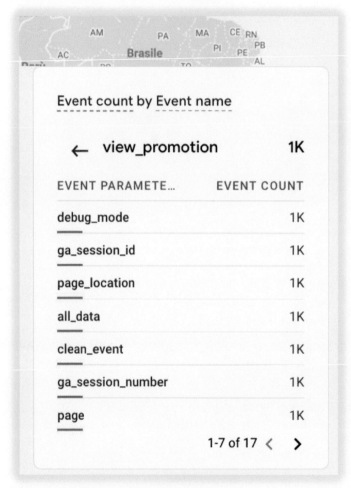

Fig. 2: GA4™ RealTime report – Dettaglio singolo evento

Inoltre, rispetto a quanto già presente in Google Analytics Universal, è possibile segmentare, attraverso le comparazioni, i dati in RealTime. Ad esempio, sarà possibile confrontare i dati per fasce d'età o per provenienza geografica, sorgente/mezzo, campagne, ecc.

Per generare una comparazione basta cliccare sul simbolo "+" vicino ad "All Users" o sulla matita in alto a destra e selezionare la tipologia di confronto che si vuole generare.

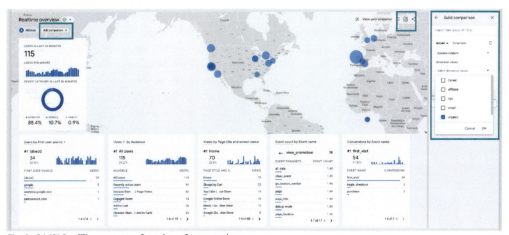

Fig. 3: GA4™ RealTime report – Creazione Comparazione

User Snapshot

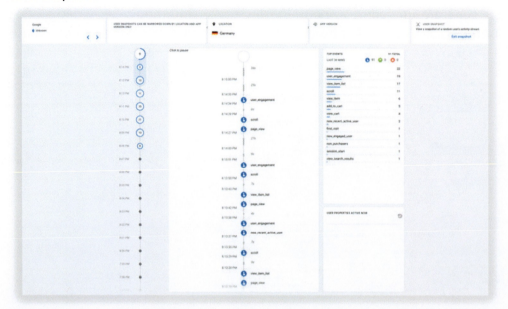

Fig. 4: GA4™ RealTime report – User Snapshot

Questa funzione è presente nel menu in alto a destra del report RealTime e permette di analizzare il comportamento di un singolo utente durante la navigazione del sito o app. Per certi versi è simile al report "User Exploration" di Universal Analytics ma in questo caso è applicato solo al report RealTime.

Lo snapshot include informazioni sul dispositivo utilizzato, versione **app** (se presente), località, eventi attivati e, per singolo evento, i parametri associati e/o user property.

Note sul RealTime Report

Rispetto allo stesso report di GA3, quello di GA4™ presenta alcune differenze che è bene tenere a mente quando lo si consulta:

- Sono conteggiati gli utenti e le loro azioni negli ultimi 30 minuti
- Nella scheda Audience è possibile analizzare sia i nuovi utenti che gli utenti totali semplicemente utilizzando il drilldown, come evidenziato nello screenshot

Fig. 5: GA4™ RealTime report – User Vs New Users

Life cycle

Per Life Cycle si intende la collection di report dedicati al comportamento dell'utente, dall'acquisizione all'acquisto, passando per l'engagement generato.

La prima library è dedicata all'acquisizione degli utenti.

Acquisition

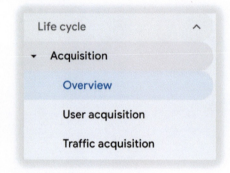

Fig. 6: GA4™ Life Cycle - Acquisition

Come detto poc'anzi, la library Acquisition è dedicata ai report relativi a come gli utenti sono arrivati nel sito o nell'app.

Overview

Fig. 7: GA4™ Life Cycle – Acquisition > Acquisition Overview

Il primo report, nella versione standard, è quello dedicato all'overview dei dati.

I report riassume in un'unica schermata i principali KPI presenti nella sezione di dettaglio (User e Traffic Acquisition) e fornisce una prima vista sulle operazioni di marketing intraprese per veicolare traffico al sito o app.

All'interno delle schede-report sono presenti anche il real time overview e il life time vale. Quest'ultimo mostra le entrate medie generate dai nuovi utenti durante i primi 120 giorni.

User Acquisition

Fig. 8: GA4™ Life Cycle – Acquisition > User Acquisition

Il report User Acquisition mostra i dati relativi ai new users. Al suo interno, le dimensioni di traffico, ad esempio il mezzo e la sorgente, includono le parole "First User" per indicare appunto che riguardano i new users. Ad esempio, "First User Medium" indica il canale tramite il quale i nuovi utenti hanno visitato il sito o l'app.

Caratteristiche del report (presenti nella maggior parte dei casi)

1. All'interno del report sono presenti, di default, le dimensioni legate ai Default Channel Groups ed eventualmente alle sorgenti/mezzo: per passare da una dimensione all'altra basta cliccare sulla freccia a fianca della dimensione e si apre il drill downdi selezione:

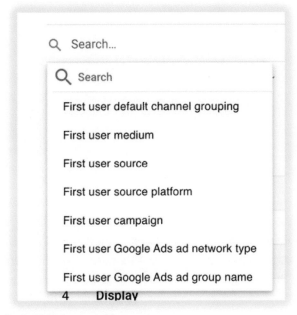

Fig. 9: GA4™ Caratteristiche report

2. Anche in GA4 è possibile utilizzare le dimensioni secondarie, basta cliccare sul simbolo "+" che si trova subito dopo la descrizione della dimensione primaria. Tra le dimensioni secondarie si possono scegliere sia eventi sia parametri a seconda delle necessità di analisi.

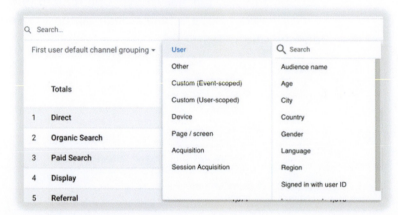

Fig. 10: GA4™ Caratteristiche report

3. Un elemento di novità presente nei report è dato dalla possibilità di incrociare la/le dimensione/i selezionate sia con eventi specifici sia con conversioni dedicate.
   Ad esempio, è possibile conoscere quanti utenti che arrivano da Paid hanno inserito un prodotto a carrello (evento: add_to_cart) e quanti hanno generato un acquisto (conversions: purchase) nella stessa tabella e riga.

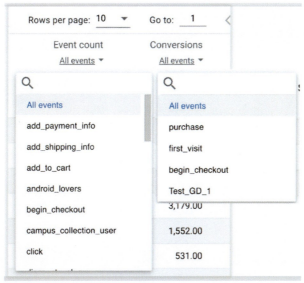

Fig. 11: GA4™ Caratteristiche report

Traffic Acquisition

Il report Traffic Acquisition mostra i dati relativi alle sessioni. Al suo interno, le dimensioni del traffico, ad esempio il mezzo e la sorgente, includono la parola "Sessione" per indicare che le dimensioni del traffico riguardano le nuove sessioni. Ad esempio, "Session Medium" indica il canale tramite il quale gli utenti nuovi e di ritorno visitano il sito e l'app.

Fig. 12: GA4™ Traffic Acquisition

Come per il precedente report, anche in questo caso la struttura rimane molto simile a livello di dimensions & metrics esposte di default.

Dato che si riferisce a tutti gli utenti e tutte le sessioni, in questo caso il report è importante perché fornisce informazioni relative a vari aspetti:

- Provenienza degli utenti: questo rapporto consente di analizzare esattamente da dove provengono gli utenti. E' possibile quindi conoscere le performance di una o più campagne marketing a seconda sia dell'attività di traffiking generata sia dell'engagement / eventi scatenati dalla singola fonte o mezzo.

- Migliorare i contenuti: osservando quanti degli utenti stanno arrivando tramite la ricerca organica, sarà possibile valutare le loro interazioni con la pagina di destinazione e i relativi contenuti.

- Identificare le aree deboli: questo report identifica quali attività di marketing non stanno portando i risultati sperati, come ad esempio i social media o gli annunci a pagamento.

- Valutare le campagne: questo rapporto è anche essenziale per comprendere il rendimento delle campagne di marketing. Ad esempio, si possono analizzare i comportamenti del traffico da e-mail vs paid e capire dove e come migliorare le singole campagne.

Engagement

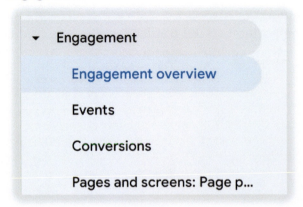

Fig. 12: GA4™ Life Cycle - Engagement

La sezione successiva è quella dedicata all'Engagement, ovvero ai report relative agli eventi e conversioni registrate e alle pagine o sceen visualizzate dagli utenti durante la navigazione del sito web o dell'app.

Overview

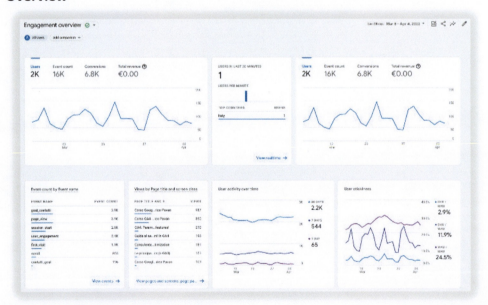

Fig. 12: GA4™ Life Cycle – Engagement – Overview

Come nella precedente overview, anche in questa sono presenti delle card relative ai principali KPI di riferimento della sezione, come ad esempio il conteggio eventi e le visualizzazioni di pagina o schermate.

Vengono però inserite due nuove card molto interessanti dedicate all'attività degli utenti nell'arco temporale e alla user stickiness.

- **User Activity over time**: Attraverso questo report è possibile determinare il numero di utenti che hanno visitato il sito web o l'app almeno una volta negli ultimi 1, 7 o 30 giorni entro il periodo di tempo selezionato. GA4™ offre quindi un quadro completo della retention degli utenti e permette di analizzare la frequenza con cui tornano sul sito o app in un determinato periodo di tempo.

- **User Stickiness**: questa metrica si applica spesso in ambito app e fa molto comodo trovarla esposta anche per uno stream web. In pratica si calcolano tre metriche relative agli utenti attivi, DAU (Daily Active Users – ultime 24h), WAU (Weekly Active Users – ultimi 7 giorni) e MAU (Monthly Active Users – ultimi 30 giorni) e, successivamente, vengono generati dei rapporti tra i vari periodi, ovvero DAU/MAU, DAU/WAU e WAU/MAU. Più elevato è il valore generato da questi rapporti più elevato è il livello di fidelizzazione e coinvolgimento degli utenti con il sito o l'app. Ad esempio, il rapporto DAU/MAU comprende gli utenti che hanno visitato il sito o l'app nelle ultime 24h rispetto agli utenti che vi hanno interagito negli ultimi 30 giorni.

Events

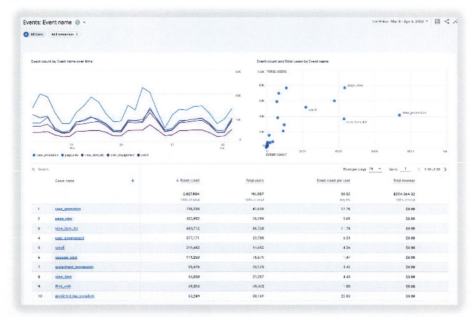

Fig. 13: GA4™ Life Cycle – Engagement – Events

Gli eventi forniscono informazioni dettagliate sulle attività – tracciate – generate dagli utenti sul sito o app, come ad esempio la visualizzazione di una promozione, il click sull'aggiunta al carrello o la visualizzazione di un errore 404.

In questo rapporto vengono raccolti tutti gli eventi generati, siano essi di tipo automatico, enhanced, recommended o custom.

Rispetto ai report precedenti sono presenti 4 colonne che presentano metriche diverse:

- **Event Count**: conteggio puro degli eventi generati dagli utenti
- **Total User**: totale degli utenti unici che hanno generato un determinato evento
- **Event Count per User**: rappresenta quante volte il singolo evento viene "azionato" dagli utenti
- **Total Revenue**: riporta il valore del purchase per l'evento

Cliccando sul singolo evento è possibile, inoltre, accedere ad una schermata dedicata ai parametri associati all'evento, sia automatici sia custom o recommended, e valutarne le performance.

Ad esempio, sarà molto semplice valutare quale promozione è stata quella più visualizzata e in quali pagine, oppure capire quali sono i prodotti che sono stati aggiunti con maggior frequenza al carrello, ecc.

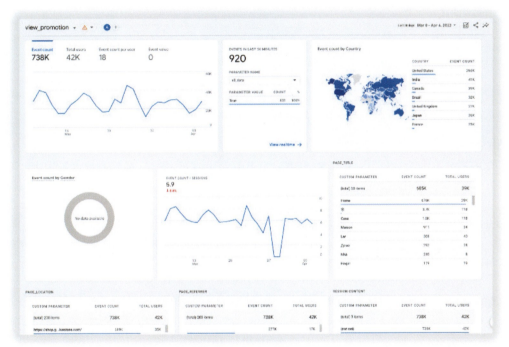

Fig. 14: GA4™ Life Cycle – Engagement – Events – View Promotion

Per switchare da un evento all'altro basta cliccare sulla freccia di drilldown presente a fianco del nome evento e scegliere quello di interesse.

Conversions

Fig. 15: GA4™ Life Cycle – Engagement – Conversions

Struttura del report molto simile alla precedente ma in questo caso vengono riportate le conversioni che sono state abilitate attraverso la sezione di configurazione.

Il report Conversion mostra gli eventi raccolti automaticamente e contrassegnati come conversioni senza alcuna impostazione. Si possono contrassegnare come conversioni fino a 30 eventi in contemporanea.

Le metriche di questo rapporto sono costituite dal numero complessivo di conversioni generate (Conversion), dal numero di utenti che hanno attivato una conversione (Total Users) e dalla revenue generata dalla singola conversione (Event Revenue).

A differenza del precedente report, però, cliccando sulla singola conversione si viene rediretti in un report dedicato ai canali che l'hanno generata.

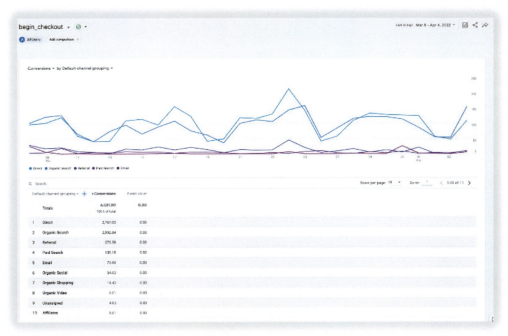

Fig. 16: GA4™ Life Cycle – Engagement – Conversions

Nell'esempio sopra riportato, begin_checkout è la conversione e il report riporta in forma tabellare e grafica i Default Channel Groups (oppure medium e source) che hanno generato la conversion basandosi sull'attribution model selezionato da interfaccia Admin.

Al momento il report non è modificabile come per i report standard.

Pages & Screens

Fig. 17: GA4™ Life Cycle – Engagement – Pages & Screens

Come riportato nel titolo, il report contiene le pagine o schermate più visualizzate dagli utenti nell'arco temporale specificato.

Di default viene impostata come dimensione principale il Page Title o la ScreenClass dell'app. Ovviamente è possibile scegliere altre tipologie di visualizzazione come il page path (ovvero l'url comprensiva della query string) o i content group (vedi sezione dedicata).

Suggerimento 1: quando si imposta tramite GTM il tag di configurazione di GA4™ è opportuno inserire un parametro, denominato page_path, a cui associare la variabile {{Page Path}}. In questo modo in GA4™ verranno raccolte le url senza query string e si potranno analizzare senza problemi di "sdoppiature" dovute, banalmente, all'inserimento in url del parametro fbclid da parte di Facebook™.

Suggerimento 2: inserire tra le dimensioni anche "landing page" in modo da poter analizzare i dati relativi alle pagine di atterraggio. Per poter inserire questa dimensione basta modificare il report tramite la matita in alto a destra e selezionare "landing page" tra le dimensioni messe a disposizione.

Fig. 18: GA4™ Life Cycle – Engagement – Pages & Screens – Landing Page

Una volta salvato, tra le dimensioni a disposizione sarà presente anche landing page.

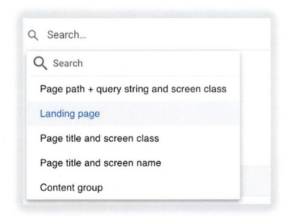

Fig. 19: GA4™ Life Cycle – Engagement – Pages & Screens – Landing Page

Le metriche presenti nel report sono relative a:

- **Views:** rappresenta il totale delle visualizzazioni generate dalla singola pagina
- **Users:** il totale degli active users per pagina
- **New Users:** totale dei new users per pagina
- **Views per User:** visualizzazioni di pagina per utente
- **Average Engagement Time:** il tempo trascorso dagli utenti sulla pagina
- **Unique User Scroll:** numero di utenti unici che hanno raggiunto il 90% della pagina
- **Event count** *(eventname)*: conteggio evento per pagina
- **Conversion** *(conversionname)*: conteggio conversioni per pagina
- **Total Revenue:** valore della conversione per pagina

Monetization

I report presenti sotto la collezione "Monetization" permettono di distinguere le entrate generate sia dagli acquisti web che app, oltre che valutare le entrate generate dagli annunci in app (al momento non vengono visualizzate le entrate generate dagli annunci sul sito).

Overview

Come per le precedenti sezioni, anche in questo caso l'overview riporta le principali informazioni relative agli acquisti generati dagli utenti all'interno del sito o dell'applicazione.

Fig. 20: GA4™ Monetization - Overview

Tra le card presenti nell'overview è presente anche la suddivisone tra Total Purchasers vs First Time Purchasers, ovvero quanti utenti hanno generato un acquisto vs quanti utenti hanno acquistato un prodotto per la prima volta dal sito o dall'app in un determinato arco temporale.

Questo dato è molto interessante in quanto permette di avere a colpo d'occhio un'idea dei possibili repeat buyers vs new buyers senza necessità di creare dei segmenti o comparazioni.

Ecommerce Purchases

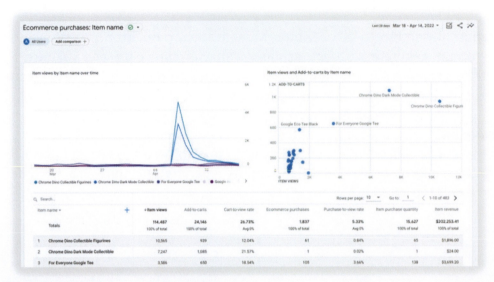

Fig. 21: GA4™ Monetization – Ecommerce Purchases

Questo schermata riporta non solo i prodotti (di default) che sono stati maggiormente venduti ma crea anche una sorta di funnel grazie alle principali metriche riportate:

1. *Item Views*: numero di visualizzazioni della scheda prodotto
2. *Add to carts*: numero di aggiunte del prodotto a carrello
3. *Cart to view rate*: il CTR tra le prime due e indicatore che permette di valutare se un prodotto risulta di interesse in termini di micro conversioni per il cliente
4. *Ecommerce purchases*: numero di acquisti complessivi
5. *Purchase to view rate*: CTR tra Purchase e PdP. Associato al precedente CTR può dare indicazioni se all'interno del sito sono presenti prodotto civetta che magari vengono inseriti all'interno del carrello per abbassare le spese di spedizione o se alcuni prodotti possono essere utilizzati come driver per eventuali bundle o "svuota magazzino"
6. *Item purchase quantity*: quantità di prodotto acquistato
7. *Item revenue*: valore complessivo item venduti

Di default è possibile switchare tra tutte le dimensioni presenti nell'array item presenti nell'ecommerce tracking. Sarà quindi possibili valutare gli stessi indicatori per product category, brand e SKU.

In-app purchases

Fig. 22: GA4™ Monetization – In-app purchases

Questo report contiene i dati degli acquisti in app generate tramite evento in_app_purchase oppure subscribe.

Come per il precedente vengono riportate le revenue generate dai singoli id prodotto e la quantità venduta.

Publisher Ads

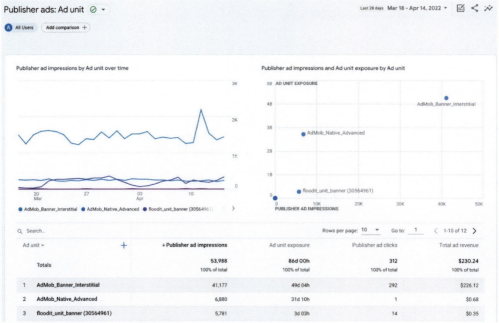

Fig. 22: GA4™ Monetization – Publisher Ads

I dati di questo report sono relativi all'integrazione con AdMob e sono vincolati solamente all'app.

Rispetto a quanto visualizzato nei precedenti report, in questo caso vengono riportati i dati di esposizione dell'adv di impression e click oltre che di revenue generata.

Retention

Fig. 22: GA4™ Retention

I 6 report presenti nella library "Retention" al momento non presentano la possibilità di approfondimento diretto (Es. link che porta direttamente al report di interesse).

Gli argomenti trattati dai report inseriti nella schermata di defaut rigardano:

- **New Vs Returning Users**
- **User retention by cohort:** una coorte è un gruppo di utenti che condividono una caratteristica comune identificata da una dimensione di Analytics. Il grafico mostra la percentuale di nuovi utenti che ritornano il secondo e l'ottavo giorno. Ad esempio, 100 utenti visitano il sito l'11 aprile. Dieci di questi ritornano il 12 aprile e due il 17. La riga Giorno 1 mostra il 10% il 12 aprile, mentre Giorno 7 mostra il 2% il 17 aprile.
- **User retention by cohort:** il grafico mostra la durata media del coinvolgimento dei nuovi utenti che ritornano sul sito o nell'app il secondo e l'ottavo giorno. Nel calcolo della

durata media del coinvolgimento, Analytics include solo gli utenti di ritorno.

- **User retention:** Questo grafico mostra la percentuale di utenti di ritorno ogni giorno nei primi 42 giorni. Quando tutti gli utenti visitano il sito o utilizzano l'app per la prima volta, il grafico mostra inizialmente il 100% di fidelizzazione. La percentuale diminuisce rispetto al primo giorno man mano che gli utenti non accedono più al sito

- **User Engagement:** il grafico evidenzia la durata media del coinvolgimento degli utenti che ritornano nei primi 42 giorni. Nel calcolo della durata media del coinvolgimento, Analytics include solo gli utenti di ritorno.

- **LifeTime Value:** vengono rappresentate le entrate medie generate dai nuovi utenti durante i primi 120 giorni.

User

Questa collezione si divide in due macro aree: Demographics & Tech.

Nella prima vengono riportati i dati di età, genere, interesse e location degli utenti che navigano il sito o l'applicazione. La condizione per poter visualizzare tali dati, ad eccezione della geolocalizzazione basata su IP, è l'attivazione di Google Signals. GA4™ riporta, per i dati di interesse, solo quelli che corrispondono alla categorizzazione "Affinity Category" in GA3.

Nella seconda vengono riportati tutti i dati relativi a browsers, sistema operativo, risoluzione dello schermo, versione applicazione e piattaforma (web vs app) utilizzati dagli utenti per navigare il sito o l'applicazione. Tramite questi report sarà possibile quindi analizzare se sono presenti dei bug di visualizzazione in determinate tipologie di browser, valutare quale versione di app genera la miglior user experience per gli utenti, ecc.

Nota: anche in questo caso, come per GA3, gli utenti che utilizzano iPad vengono categorizzati nel segmento "desktop" in quanto, dal 2019, Apple ha cambiato lo user-agent di questo dispositivo (equiparandolo ad un desktop).

9. **GA4™: Exploration**

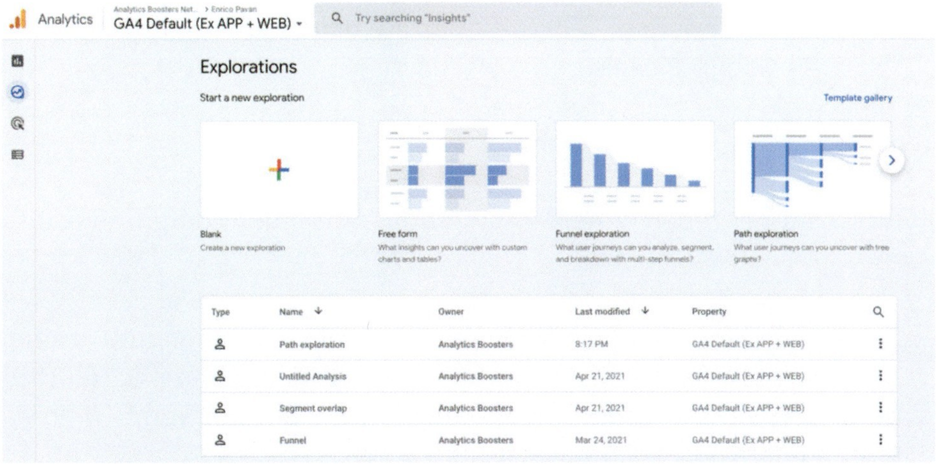

Fig. 1: GA4™ Exploration

Oltre ai report standard GA4™ fornisce la possibilità di analizzare i dati in maniera approfondita grazie alla sezione denominata "Exploration" (ex analysis hub).

Prima di andare ad analizzare le varie tipologie di esplorazione messe a disposizione bisogna chiarire alcuni punti relativi sia ai limiti sia alle differenze tra questa feature ed i report.

Limiti delle esplorazioni

Di seguito vengono riportati i principali limiti delle Exploration:

- Si possono creare fino a 200 esplorazioni individuali per utente per proprietà.
- Si possono creare fino a 500 esplorazioni condivise per proprietà.
- Max 10 segmenti applicabili per esplorazione.
- Max 10 filtri applicabili per scheda.

- Se l'esplorazione contiene una combinazione incompatibile di dimensioni, metriche o entrambe queste variabili, viene visualizzata l'icona di "richiesta incompatibile".
- Le esplorazioni potrebbero essere basate su dati campionati se più di 10 milioni di eventi fanno parte di una determinata query di esplorazione oppure se vengono utilizzate dimensioni e metriche relative a Google Signals.

Differenze tra report ed esplorazioni

I dati visualizzati nei report e nelle esplorazioni potrebbero differire a causa di:

- **Support di campi (dimensioni e metriche) differenti:** non tutti i campi dei report standard sono supportati anche nelle esplorazioni. Nel caso di analisi di un campo non supportato, questo verrà rimosso direttamente nel risultato dell'esplorazione
- **Alcune comparazioni non trovano corrispondenza con i segmenti** delle esplorazioni in quanto i campi scelti non sono supportati
- **Limite di date:** nelle esplorazioni il max range temporale è determinato dalla data retention impostata nella sezione admin (da 2 a 14 mesi per la versione GA4™ standard) mentre nei rapporti è possibile "sforare" questo limite.
- **Campionamento:** le esplorazioni possono essere colpite da campionamento mentre i report standard contengono il 100% dei dati inviati alla property.

Tipologie di Esplorazioni

Al momento GA4™ permette di generare una quindicina di esplorazioni, ricavabili all'interno della template gallery e suddivise in "Techniques", "Use Cases" e "Industries".

Le ultime due categorie saranno aggiornate di volta in volta che GA4™ rilascerà un set dedicato ad un nuovo settore (es. travel) e si basano, molto spesso, sui reccomend event suggeriti da Google stesso.

In particolare, nella sezione "Techniques" si trovano le esplorazioni:

- **Blank (Libera):** in questo caso è l'utente che decide la struttura e la tipologia di analisi, compresi segmenti, dimensioni, metriche, ecc.

- **Coorte**: esplorazione già strutturata in cui si può agire a livello di segmenti, dimensioni e metriche e permette di conoscere il comportamento ed il rendimento di gruppi di utenti che presentano attributi comuni.

- **Funnel**: grande novità rispetto a GA3: i funnel vengono creati on the fly e non sono più legati al vincolo del goal "destinazione" ovvero basato solo sulle visualizzazioni di pagina.

- **Segment Overlapping**: permette di conoscere eventuali correlazioni tra utenti, eventi o altre interrogazioni complesse.

- **Pathing**: permette di conoscere il percorso degli utenti all'interno del sito o app mixando sia le pagine visualizzate sia gli eventi che hanno caratterizzato la navigazione all'interno del sito/app (es. hanno visualizzato una PdP e cliccato su add to wishlist)

- **Esplorazione utente**: permette di analizzare nel dettaglio cluster di utenti e determinarne il behavior.

In questa sezione verranno analizzate le esplorazioni di tipo Funnel, Segment Overlapping e Pathing.

Struttura Generale di un'Esplorazione

La maggior parte dei report generati tramite esplorazione presentano la stessa struttura di base, che riportiamo di seguito.

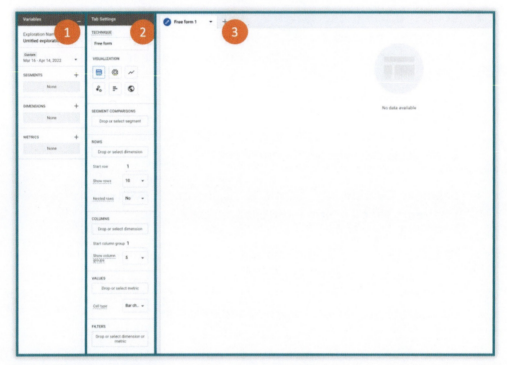

Fig. 2: GA4™ Exploration > Struttura

Il workspace può essere suddiviso in tre macro aree di riferimento:

1. **Variables**: sezione responsabile del data input del report

2. **Tab Settings**: sezione dedicata alla scelta della tecnica di esplorazione (Free form, Funnel, Pathing, ecc) e all'aspetto finale di presentazione dei risultati

3. **Data Output**: sezione dedicata alla rappresentazione dei dati selezionati tramite variables e settings

1. *Variables*

La sezione Variables nei report GA4™ definisce l'ambito di scelta dei dati da analizzare nell'esplorazione che si sta creando.

Fanno parte di questo insieme:

- **Intervallo di date**: si possono selezionare intervalli di date a scelta oppure tramite i suggested presenti nel calendario. L'unico limite è dato dalla data retention impostata nel pannello admin

- **Segmenti**: servono a confrontare più gruppi di utenti e si possono creare from scratch oppure utilizzare quelli già predisposti da GA4™

- **Dimensioni**: sono eventi o parametri di un evento, ovvero elementi che descrivono una particolare interazione dell'utente. Non si possono creare da zero ma sono selezionabili dalla lista messa disposizione da GA4™

- **Metriche**: molto simili alle dimensioni, permettono di "misurare" il verificarsi di un determinato evento o parametro

2. *Settings*

Nella sezione Settings è possibile definire l'aspetto dell'esplorazione e stabilire la tipologia di esplorazione desiderata.

In dettaglio, fanno parte di questo insieme i seguenti elementi:

- **Technique:** ovvero è possibile scegliere la tipologia di esplorazione tra quelle presenti in GA4™ (es. Pathing, Funnel, Free Form, ecc).

- **Visualization**: presente solo nel Free Form, permette di scegliere la rappresentazione grafica dei dati: tabellare, donut, lineare, bar char, ecc; la scelta della tipologia di rappresentazione grafica influisce anche sulle dimensioni e metriche utilizzabili. La rappresentazione lineare permette inoltre di generare il drilldown mese/settimana/giorno/ora e di utilizzare anche l'"Anomaly Detection" che permette di valutare se il trend analizzato è in linea o meno con l'aspettativa generata tramite machine learning di GA4™ stesso.

- **Segment Comparison**: come dice il termine stesso, è possibile comparare due o più segmenti tra loro, fino ad un massimo di 4 in contemporanea.

- **Row / Breakdown**: selezionando una dimensione tra quelle presenti nelle variables è possibile generare scomporre la visualizzazione in sotto insieme di dati (es. breakdown per device, suddivide i dati in mobile, desktop e tablet)

- **Values**: ovvero la/le metrica/he di riferimento del report. Se ne possono impostare al massimo 10 per tab (solo nel Free Form).

- **Filters:** GA4™ offre la possibilità di filtrare il report per dimensioni o parametri a seconda delle esigenze di analisi (es. event name = add_to_wishlist).

3. *Data Output*

Dopo aver selezionato Variables e Settings, nella schermata centrale dell'esplorazione verranno riportati i dati di interesse.

In questa sezione sarà possibile aggiungere delle tab, condividere il report e, soprattutto, interagire con i dati presenti all'interno dello stesso.

In particolare, cliccando con il tasto destro all'interno di una cella dati, nella maggior parte dei casi sarà possibile generare una delle seguenti attività:

- **Include only selection**: tramite questa feature, GA4™ creerà un filtro di inclusione direttamente nell'interfaccia

- **Exclude selection**: ovvero il contrario della precedente; GA4™ andrà ad escludere tramite filtro, i dati della cella cliccata

- **Create segment**: si aprirà una schermata con le indicazioni di creazione segmento basata sulla scelta effettuata

- **View users**: questa feature aprirà in automatico il report "user explorer" relativamente solo agli utenti che fanno parte della selezione scelta.

Funnel

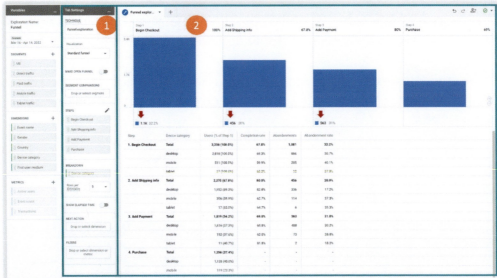

Fig. 3: GA4™ Exploration > Funnel

I funnel che si possono creare in GA4™ si sganciano completamente dalla logica di "destinazione – page view only" che ha caratterizzato la possibilità di analizzare la navigazione degli utenti durante la canalizzazione verso un obiettivo.

GA4™, infatti, permette di analizzare il comportamento degli utenti on the fly, senza vincoli verso una struttura rigida come in GA3 e soprattutto è possibile conoscere le azioni generate dagli utenti durante il funnel stesso.

!Attenzione!

In GA4 gli utenti, per essere conteggiati nel funnel, non possono skippare tra gli step, ovvero l'utente che accede allo step A deve passare per B, C e D per essere calcolato oppure per C e D ma non può saltare da A a C, pena l'esclusione dal calcolo.

Per comprendere al meglio come utilizzare i funnel riportiamo un classico esempio eCommerce: si vogliono valutare i fallout e la % di avanzamento per il percorso checkout step 1, shipping step, payment step e purchase finale.

Nelle logiche di GA4, lo step 1 è chiamato begin_checkout, l'inserimento dell'indirizzo di spedizione è l'evento add_shipping_info mentre quando viene scelto il metodo di pagamento si associa l'evento add_payment_info ed infine l'acquisto ricade sotto purchase o in_app_purchase.

La sezione Variables rimane uguale a quanto visto precedentemente mentre cambiano sia la sezione Settings che, ovviamente, Data Output.

1. *Funnel > Settings*

Visualization: in questa sezione è possibile scegliere tra due tipologie di visualizzazioni del funnel: *Standard Funnel Vs Trended Funnel.*

La prima è quella standard di default che mostra i singoli step in fila, in modalità bar chart, che **evidenziano in modo molto semplice il numero di fallout/abbandoni e di quanti utenti completano e/o proseguono un singolo step**.

La seconda visualizzazione permette invece di valutare il comportamento di ogni singolo step del funnel nel tempo. Questa nuova vista permette di valutare se, ad esempio, alcuni step sono stati influenzati da campagne specifiche (es. recupero carrello) oppure se ci sono dei problemi nei vari passaggi del funnel: ad esempio se il trend di uno step è in crescita mentre quello successivo, per lo stesso periodo, è in diminuzione, molto probabilmente ci sono dei problemi di UI/UX che non permettono all'utente di completare l'azione.

Fig. 3: GA4™ Exploration > Esempio di trended funnel

Make open funnel: al contrario di GA3, GA4™ inizializza il funnel in modalità chiusa, ovvero vengono conteggiati gli utenti che iniziano il percorso solo dal primo step. Attivando il toggle sarà possibile analizzare anche gli utenti che accedono al funnel da step diversi dal primo (es. tramite campagna di recupero carrello atterrano su add_payment_info).

Fig. 4: GA4™ Exploration > Esempio di Open Funnel

Segment Comparision: permette di visualizzare sullo stesso grafico segmenti diversi, come ad esempio Paid vs Direct.

Steps: questa rappresenta la core feature di tutta l'esplorazione di riferimento. Cliccando sulla matita a fianco della label "Steps", si aprirà una schermata dove sarà possibile definire il funnel da analizzare.

La schermata può essere suddivisa in 4 macro aree, come rappresentato dallo screenshot seguente:

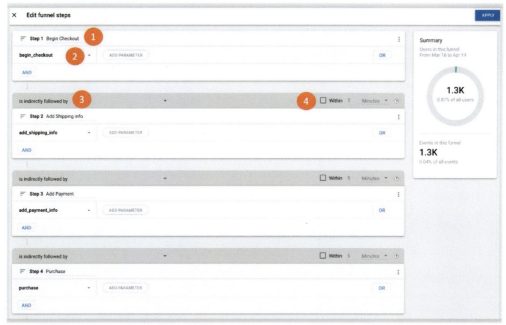

Fig. 5: GA4™ Exploration > Esempio di Funnel Steps

1. **Step Name**: placeholder che può assumere qualsiasi valore o label

2. **Step Condition**: deve essere specificato un event_name, un parametro oppure un evento ed uno o più parametri (es. view_item che contiene item_brand=Valentino OR Versace). Si possono utilizzare tutti gli eventi o i parametri registrati da GA4™ al momento dell'analisi.

3. **Step Following**: è possibile decidere se lo step deve seguire in modo diretto -sequenziale- lo step precedente o meno.

4. **Step Timing**: è possibile selezionare il tempo massimo intercorso tra gli step definiti nel funnel

Breakdown: questa feature permette di "spacchettare" i dati a seconda di una dimensione specificata. Nell'esempio vengono suddivisi i vari step per device category.

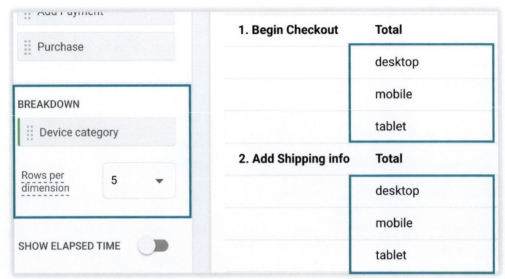

Fig. 6: GA4™ Exploration > Esempio di Funnel Breakdown

Show elapsed time: novità assoluta rispetto a GA3 (e finora ricavabile solo con strumenti esterni tipo HotJar) è la possibilità di analizzare il tempo che gli utenti impiegano nel passaggio da uno step all'altro.

Per attivare questa funzione basta cliccare sul toggle presente subito dopo "Show elapsed time".

Step	Elapsed time
1. Begin Checkout	-
2. Add Shipping info	0m 00s
3. Add Payment	2h 11m
4. Purchase	5h 53m

Fig. 7: GA4™ Exploration > Esempio di Elapsed Time

Next Action: tramite drag'n'drop è possibile inserire la dimensione "event_name" in questa sezione per visualizzare i successivi 5 eventi più popolari, ovvero valutare le azioni compiute dagli utenti dopo ogni singolo step.

Al momento si possono utilizzare solo due dimensioni (e una alla volta): event name e screen name

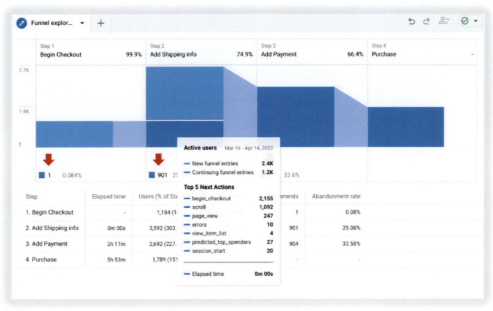

Fig. 8: GA4™ Exploration > Esempio di Next Action

Grazie a questa funzione sarà possibile quindi valutare elementi di navigazione degli utenti utili a migliorare il funnel, magari eliminando ricorsività tra i vari passaggi oppure migliorare UI/UX tramite testing mirato, ecc.

2. *Funnel > Data Output*

Una volta definiti variabili e settings il funnel sarà visibile ed analizzabile attraverso la sezione di data output.

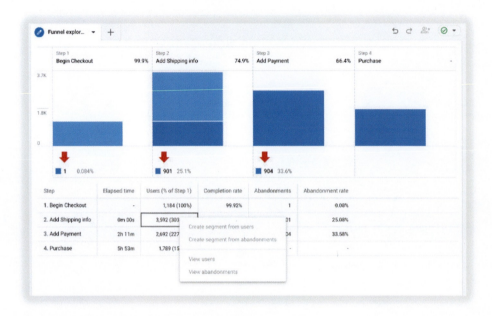

Fig. 10: GA4™ Exploration > Funnel Data Output

Tramite interfaccia grafica sarà possibile, attraverso il click del tasto destro, selezionare singoli cluster di utenti e attivare uno dei segmenti proposti. Stessa cosa si può ottenere cliccando sia sulle bar chart sia sulle frecce di fallout.

Pathing

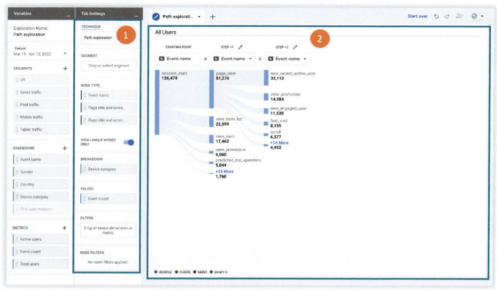

Fig. 11: GA4™ Exploration > Path Exploration

L'analisi dedicata al pathing permette di conoscere i percorsi che gli utenti hanno intrapreso nel sito e nell'app non solo a livello di pageview come in GA3 ma incrociando tutti gli eventi generati.

Sarà quindi possibile capire quali sono le principali pagine visualizzate dopo che è stato generato un add to cart o un click sulla promozione in hero, analizzare il passaggio degli utenti da un listato prodotto verso il singolo item e così via.

Inoltre, grazie al pulsante "Starting Over" sarà possibile analizzare il percorso in termini di backwards: dato un evento di interesse (es. add to wish list o generate lead) è possibile ricreare il percorso inverso degli utenti e analizzare quali sono i pathing e behavior principali che li hanno portati a generare tale evento.

L'interfaccia è molto simile a quanto visto per le precedenti, fatta eccezione per la sezione settings e ovviamente di data output.

1. *Pathing > Settings*

Segments: funziona come negli esempi precedenti con l'unica differenza che non possono essere generate le comparazioni tra segmenti: si può attivare un solo segmento alla volta.

Node Type: per nodo si intende ogni singolo step del percorso. Al momento i dati possono essere suddivisi per nome evento, titolo pagina/screen name o titolo pagina/screen class. Purtroppo, non è possibile cambiare nessuna di queste impostazioni al momento.

View Unique Node Only: a seconda dell'attivazione o meno del toggle, il report mosterà tutto il percorso dell'utente oppure solo i nodi univoci.

Esempio: l'utente visualizza l'home page, poi il listato prodotti A, il listato prodotti B e il singolo item.

Se il toggle non è attivo, il percorso riportato dal pathing sarà page_view > view_item_list > view_item_list > view_item

Se il toggle è attivo, i nodi diventano univoci e il percorso sarà composto da page_view > view_item_list > view_item

Breakdown: tramite il breakdown è possibile analizzare il percorso di navigazione per una dimensione di quelle presenti nel listing variables.

Ad esempio, è possibile generare un breakdown per device category ed analizzare il percorso utenti per Desktop, Mobile e Tablet.

Values: rappresentano la metrica che verrà visualizzata nel data output. Al momento possono essere rappresentate come metriche Event Count, Active Users e Total Users.

Filters: è possibile includere o escludere eventi, parametri o nodi dal data output tramite questa feature. Per escludere i nodi bisogna cliccare con il tasto destro direttamente nel data output e selezionare il nodo da escludere. È possibile escludere il nodo per tutto il pathing oppure solo in quello corrente.

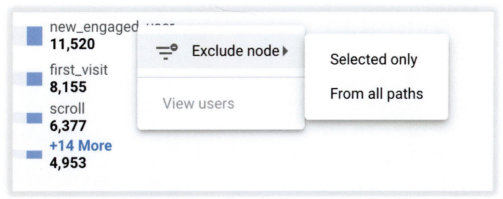

Fig. 12: GA4™ Exploration > Esclusione Nodo

2. *Pathing > Data Output*

Fig. 13: GA4™ Exploration > Pathing > Data Output

Le azioni che possono essere generate all'interno del Data Output sono leggermente diverse da quelle viste finora. Per semplicità possono essere riunite sotto 5 macro categorie:

1. **Value & Steps**: ogni nodo contiene il valore settato all'interno del campo Value e cliccando sul singolo nodo si procede in avanti (o all'indietro nel caso del backward pathing) visualizzando altri nodi

2. **Node Type**: è possibile scegliere di visualizzare il nodo successivo sottoforma di evento o di pagina/screen

3. **Exclusion Step**: cliccando sull'icona a forma di matita si aprirà una modale in cui è possibile escludere determinati eventi/pagine/screen dai nodi successivi. I dati esclusi saranno riportati all'interno del raggruppamento +X More.

4. **Breakdown**: tramite hover del mouse sarà possibile analizzare il percorso utenti a seconda della dimensione scelta per il breakdown, in questo caso la device category

5. **Start Over**: tramite questo link sarà possibile decidere se generare l'analisi del percorso in forward o backward.

Segment Overlap

Fig. 14: GA4™ Exploration > Segment Overlap

L'analisi Segment Overlap consente di confrontare fino a tre segmenti di utenti ed analizzare eventuali correlazioni esistenti.

Sarà quindi possibile scoprire se, ad esempio, si possono creare bundle di prodotto in quanto i due prodotti analizzati vengono inseriti entrambi a carrello oppure se chi utilizza un device di tipo iOS si iscrive più facilmente alla newsletter e genera un lead, ecc.

Inoltre, tramite click sulle intersezioni, sarà possibile creare un nuovo segmento e trasformalo in audience da importare in Google Ads.

Anche in questo caso, l'interfaccia varia a livello di Settings e di Data Output.

1. *Segment Overlapping > Settings*

Segment Comparison: in questa sezione si possono confrontare fino a tre segmenti in contemporanea. Si possono utilizzare sia i segmenti di default sia i segmenti full custom, a seconda della necessità di analisi.

Breakdown: anche in questo caso è possibile creare un drilldown per tipologia di dimensione messa a disposizione da GA4™. Unica nota: spesso con dimensioni sociodemografiche l'analisi restituisce errore (cause: Google Signals™ non attivato, pochi dati raccolti, dati non confrontabili, ecc).

Values: rappresentano la/le metrica/he che verranno utilizzate nel Data Output. La metrica di default è rappresentata dagli active users ma si possono aggiungere fino a 10 dimensioni successive.

Filters: è possibile filtrare i dati a seconda di dimensioni (es. escludi l'evento add_to_wishlist) o metriche specifiche (es. revenue > 100€).

2. *Segment Overlapping > Data Output*

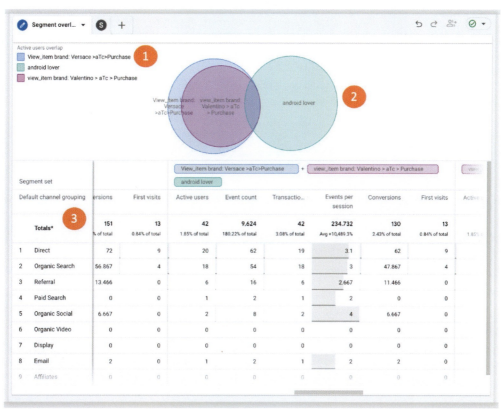

Fig. 15: GA4™ Exploration > Segment Overlap > Data Output

Nel Data Output sono presenti tre macro sezioni con cui è possibile interagire ed analizzare in profondità i dati.

1. **Segment Recap**: unico elemento statico dell'analisi, viene utilizzato come legenda/reminder relativamente ai segmenti utilizzati nell'esplorazione

2. **Overlapping Graph**: tramite passaggio in hover del mouse è possibile isolare i valori di overlapping tra i segmenti utilizzati oppure crearne uno o più ex novo ed eventualmente trasformarli in audience da importare in Google Ads.

Discover Correlation

Fig. 15: GA4™ Exploration > Segment Overlap > Data Output > Discover Correlation

Come riportato precedentemente, tramite passaggio in hover del mouse negli overlapping dei segmenti è possibile analizzare le correlazioni e le metriche generate.

In questo caso vengono riportate le metriche di Active users, Event Count, Transactions, Event per session, Conversion e First Visits per gli utenti che hanno visualizzato, aggiunto al carrello e acquistato un prodotto Versace, un prodotto Valentino e hanno utilizzato un device Android.

Segment Creation

Fig. 16: GA4™ Exploration > Segment Overlap > Data Output > Create Segment

Tramite click con il tasto destro nell'intersezione di interesse sarà possibile creare un nuovo segmento ed importarlo come audience in Google Ads.

Una volta cliccato "Create Segment from selection" si aprirà l'interfaccia di creazione segmento già precompilata ma modificabile nel caso volessimo, ad esempio, escludere determinati eventi.

3. Data Table

Tramite la tabella dati sarà possibile analizzare il dato puntuale generato dai singoli segmenti oppure dalle loro intersezioni. Come visto per il grafico, anche in questo caso cliccando su uno o più elementi della tabella sarà possibile creare un nuovo segmento relativo alla metrica e segmenti di interesse.

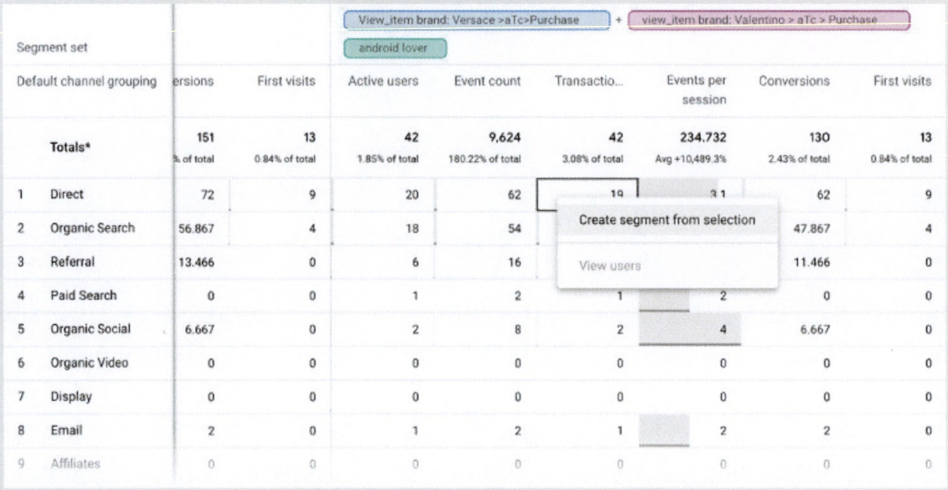

Segment set			View_item brand: Versace >aTc>Purchase + view_item brand: Valentino > aTc > Purchase + android lover					
Default channel grouping	ersions	First visits	Active users	Event count	Transactio...	Events per session	Conversions	First visits
Totals*	151 % of total	13 0.84% of total	42 1.85% of total	9,624 180.22% of total	42 3.08% of total	234.732 Avg +10,489.3%	130 2.43% of total	13 0.84% of total
1 Direct	72	9	20	62	19	31	62	9
2 Organic Search	56.867	4	18	54			47.867	4
3 Referral	13.466	0	6	16			11.466	0
4 Paid Search	0	0	1	2	1	2	0	0
5 Organic Social	6.667	0	2	8	2	4	6.667	0
6 Organic Video	0	0	0	0	0	0	0	0
7 Display	0	0	0	0	0	0	0	0
8 Email	2	0	1	2	1	2	2	0
9 Affiliates	0	0	0	0	0	0	0	0

Fig. 17: GA4™ Exploration > Segment Overlap > Data Output > Create Segment

Nell'esempio sopra riportato verrà creato un segmento tra gli utenti che hanno generato una transazione relativa all'overlapping dei segmenti indicati e che hanno utilizzato come Default Channel Grouping il traffico diretto.

10. GA4™: Advertising Workspace

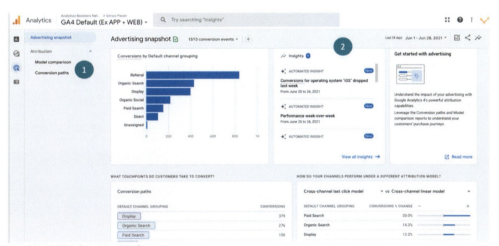

Fig. 18: GA4™ Advertising Workspace

Questo nuovo spazio sarà trattato in maniera approfondita nei prossimi capitoli ma, molto velocemente, **la sezione permette di analizzare i dati di Advertising – non solo Google Ads ma tutte le campagne- comparando i modelli di attribuzione e i percorsi di conversione**. Se vogliamo fare un paragone con la precedente versione di Analytics, in questa vengono raggruppati i report dedicati all'attribution e al multichannel funnel.

Unica nota ma importante: *i dati di questi report partono dal 14/06/2021!*

11. GA4™: Configure

Fig. 19: GA4™ Configuration

Questa è l'area dedicata alla configurazione in senso stretto dei dati presenti all'interno di GA4™. Confluiscono gli Eventi e i Parametri, le Conversioni, le Audiences e la vista di Debug.

Events

In questa subsection vengono riportati tutti gli eventi rilevati da GA4™. Utilizzando il toggle presente a fianco di ogni evento è possibile settarlo come conversion (dato non retroattivo). Inoltre, cliccando sui tre puntini dopo il toggle l'evento può essere marchiato come NPA (No Personalized Ads) ovvero l'evento può essere esportato in una piattaforma di adv ma non può essere utilizzato per personalizzare la campagna

Conversions

Vengono riportati gli eventi marchiati come conversioni oppure, tramite apposito pulsante, è possibile definire una custom conversion inserendo il nome dell'evento dedicato.

Audiences

Listato e touchpoint dedicato alla creazione delle Audience, che tratteremo nei prossimi capitoli.

Custom definition

Elenco e touchpoint dedicato alla modifica e creazione delle custom dimension, metrics e user property (come visto nei capitoli precedenti).

Debug

Tramite questa visualizzazione è possibile analizzare gli eventi che vengono inviati a GA4™ tramite stream web o app (Firebase) in modalità debug.

12. Audiences

Le Audiences sono segmenti di utenti che possono essere utilizzati per veicolare advertising targhettizzati; possono essere creati in base a dimensioni, metriche e/o eventi e sequenze.

Questi segmenti sono presenti come dimensioni nelle comparazioni di GA4™ e all'interno dell'Audience Manager di Google Ads nel caso in cui GA4™ sia collegato con Google Ads (e abilitato Google Signals).

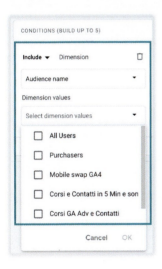

Fig. 1: GA4™ Audience > Compare

Creare le Audiences

In GA4™ ci sono due modi per creare una Audience:

1. Attraverso i segmenti presenti all'interno delle esplorazioni

2. Tramite la sezione "Configure > Audience"

La procedura è molto simile tra le due alternative, le basi infatti sono le condizioni espresse all'interno dell'interfaccia segmento, cambia solamente il touchpoint di ingresso.

Quando si crea una Audience, partendo in questo caso dalla sezione Configure, è possibile scegliere tra i template:

- Custom

- General

- Templates

- Predictive

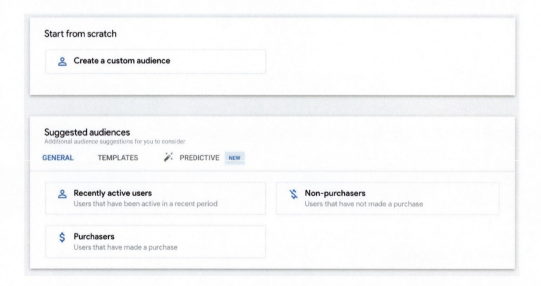

Fig. 2: GA4™ Audience > Create

Con la creazione di una Audience Custom dovrà essere l'utente a selezionare le condizioni di riferimento del segmento di pubblico stesso, mentre scegliendo una delle suggested audiences alcune condizioni saranno preconfigurate, alcuni elementi non potranno essere modificati e l'aspetto del layout sarà leggermente diverso.

Le Audience di tipo "Predictive" sono basate su machine learning di GA4™: sulla base dei dati raccolti per la property, GA4™ cercherà di prevedere quali utenti probabilmente convertiranno o abbandoneranno in 7-28 giorni.

Questa Audience, però, viene generata solo se si rispettano determinate caratteristiche, ovvero avere almeno 1000 utenti che hanno effettuato un acquisto in un periodo di 7 giorni negli ultimi 28.

Interfaccia Audience

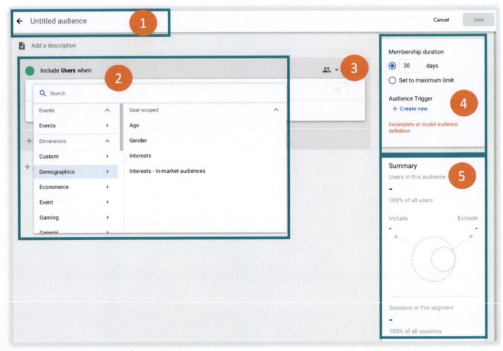

Fig. 3: GA4™ Audience > Interfaccia Creazione

L'interfaccia di creazione delle Audience è il clone di quella relativa alla creazione dei segmenti e si compone di 5 macro elementi:

1. **Nome Audience**: oltre al nome è possibile aggiungere una descrizione

2. **Condizioni/Sequenze**: in questi "blocchi" è possibile specificare la/le condizione/i a cui devono sottintendere gli utenti che entrano a fa parte dell'audience stessa. Possono essere specificati sia eventi che parametri

3. **Condition Scoping**: è possibile specificare se la condizione deve essere "Cross all session", "Within the same session" oppure "Whitin the same event" (come descritto per i segmenti)

4. **Membership Duration e Audience Trigger**: la prima feature indica per quanto tempo un utente deve essere incluso nella audience se soddisfa i criteri elencati, da un minimo di 1 giorno ad un massimo di 540 giorni. La seconda feature, invece, se selezionata, genera in automatico un nuovo evento quando un utente entra a far parte della audience stessa; questo evento può essere naturalmente marchiato poi come conversion event.

5. **Data Preview**: restituisce, come nei segmenti di GA3, una preview del numero di utenti inclusi all'interno della audience.

Limitazioni delle Audiences

Purtroppo, al momento sono presenti alcuni limiti relativamente alle audiences ed in particolare:

- **Non sono retroattive**: iniziano ad accumulare dati dal momento in cui vengono create.

- **Non si possono modificare**: si possono cancellare o cambiare nome non modificare a livello di condizioni una volta create.

- **Limite 100** audiences per property.

- **Importazione in GAds** fattibile solo se i pannelli sono collegati ed è attivato Google Signals.

13. GA4™: Attribution Settings

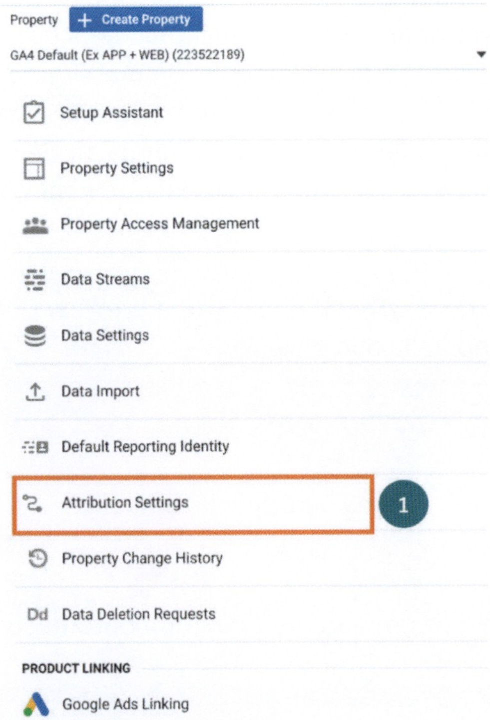

Fig. 1: GA4™ Attribution Settings

Ovviamente non potevano mancare le sorprese a livello di **interfaccia Admin**: in questa sezione troviamo infatti una nuova label chiamata **"Attribution Settings"**.

Cliccando all'interno della sezione si apriranno **due box: il primo dedicato all'attribution model per i report e il secondo alla finestra di lookback.**

GA4™: Reporting Attribution Model

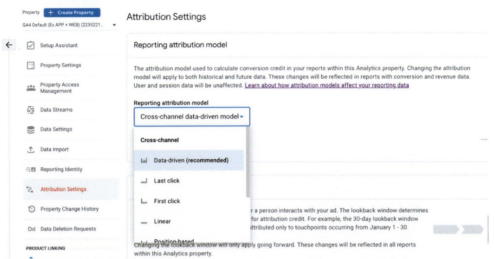

Fig. 2: GA4™ Reporting Attribution Model

In questo primo box **è possibile decidere quale sarà il modello di attribuzione di base per i report presenti in GA4™**. Dal 26/01/2022, di default, è settato su **"Data Driven Attribution Model"**. Se viene modificato, *tale modifica sarà applicata a tutti i dati di conversione e revenue, anche quelli storici*. Sessioni e utenti non sono interessati ad eventuali modifiche.

E' sempre possibile scegliere il modello di attribuzione che più si adatta al business ma sicuramente il **DDA (Data-Driven Attribution)** è un grosso passo in avanti per Google Analytics in quanto prima era presente solo per le versioni 360 e mai finora era stato possibile settare un attribution model diverso dal Last Click not Direct

GA4™: Lookback Window

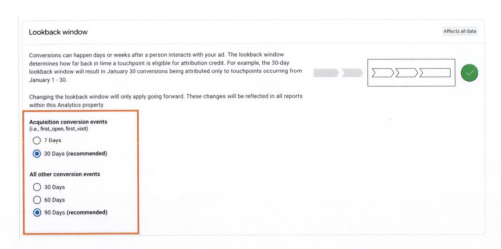

Fig. 3: GA4™ Lookback Window

!Attenzione! *La modifica di questi parametri coinvolge tutti i dati di GA4™ dal momento del cambio in avanti!*
In pratica con la **lookback window è possibile determinare l'arco temporale per considerare un touchpoint all'interno del pathing di conversione.**

Consiglio: prima di metter mano a queste due nuove funzionalità, è meglio analizzare alla perfezione tutti i vari scenari di attribuzione altrimenti vi è il rischio di generare degli errori di attribuzione che non possono essere sovrascritti!

14. GA4™: Report Customization

Anche per questa feature si è davanti ad un first-time-ever in ambito analytics: **è stata introdotta la possibilità di customizzare i report presenti in interfaccia per singolo user o, in altre parole... ogni utente (grant editor o admin) può modificare i report presenti in GA4™!**

Come riportato in precedenza, in alto a destra dei reports è possibile trovare una matita; cliccando su questa icona si aprirà un layer simile a quello riportato screenshot qui sotto (Reports > Life Cycle > Acquisition > Traffic Acquisition)

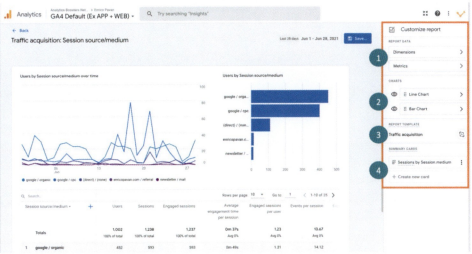

Fig. 1: GA4™ Report Customization

La customizzazione del singolo report può essere suddivisa in 4 aree:

1. **Report Data**: in questa sezione possono essere selezionate le dimensioni da inserire come primarie (1) e le metriche che faranno parte del report (2); è possibile modificare l'ordinamento o la selezione tramite drag'n'drop. Nell'esempio è stata selezionata come nuova dimensione "Hostname" e come nuova metrica "Returning Users"

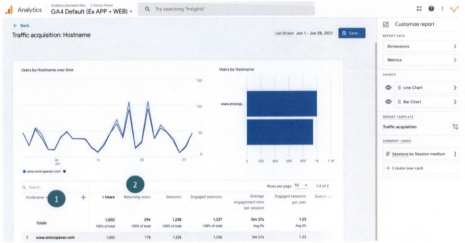

Fig. 2: GA4™ Report Customization Interface

2. **Charts:** in questo caso è possibile decidere se visualizzare o meno uno dei grafici (click sull'occhio) o cambiarne la rappresentazione grafica, ad esempio da barchart a linear. Nello screenshot sotto viene esclusa la visualizzazione del secondo grafico.

Fig. 3: GA4™ Report Cusotmization

3. **Report Template**: cliccando su questo elemento, si determina se far ricevere o meno ulteriori dati a questo report. Una volta generato l'unlink non è più possibile tornare indietro… quindi attenzione!

4. **Summary Cards**: è possibile costruire una nuova card, che sarà presente nel report snapshot con dimensione, metriche e struttura full custom.

Fig. 4: GA4™ Report Customization

Se il risultato è quello desiderato basta cliccare su Salva e il nuovo report sostituirà il precedente o ne creerà uno ex novo.

15. GA4™: Library & Collections

Questa è una delle major features rilasciate da GA4™ a livello di interfaccia: è possibile creare un proprio menu di navigazione e report tramite semplici passaggi e drag & drop. Come si può intuire, la personalizzazione in questo nuovo strumento di Google diventa un punto focale e quasi imprescindibile.

Per prima cosa, **cliccare sulla voce "Library"** che si trova in basso nel menu Report. Una volta cliccato si aprirà un'interfaccia simile alla seguente:

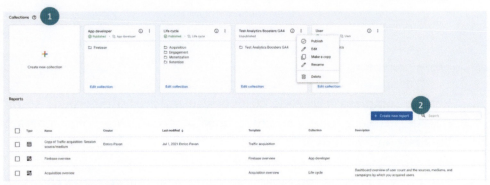

Fig. 1: GA4™ Library Interface

1. **Collection**: con questo termine si intende un insieme di report; di default sono sempre presenti le collezioni Lifecycle e User. Le Collection si presentano sotto forma di Cards (ognuna con un title) contenenti i raggruppamenti di report assegnati ed è possibile editarle, pubblicarle, crearne una copia, rinominarle o cancellarle.

2. **Reports**: qui possono essere creati i report descritti nel capito precedente.

GA4™: creare una nuova collection

Per prima cosa cliccare sulla card "Create new collection" e vi si aprirà la nuova schermata:

Fig. 2: GA4™ Create new collection

È possibile scegliere se creare la collezione **da zero (1)** oppure **utilizzare uno dei template** messi a disposizione da Google (2).

Scegliendo la prima opzione si aprirà un'interfaccia di creazione molto simile a quella riportata di seguito:

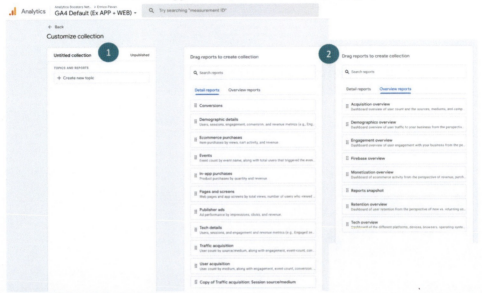

Fig. 3: GA4™ Library Collection Creation

In questa sezione vengono inseriti tramite drag'n'drop i report presenti sulla sinistra (2) nella nuova collezione (1). Prima di effettuare il drag'n'drop bisogna dare il nome alla/e sezione/i che si vuole far apparire all'interno della collezione: basta cliccare su "Create New Topic" ed inserire un titolo significativo. Ovviamente è consigliato sostituire anche "Untitled collection" con un titolo parlante.

Per "**Detail Report**" si intende il singolo report di interesse (es. Conversion, Events, ecc) mentre in "**Overview Report**" sono presenti le macrocategorie dei raggruppamenti di report (default dashboard category).
Una volta effettuate le scelte di interesse, il risultato sarà qualcosa di simile allo screnshoot sotto riportato.

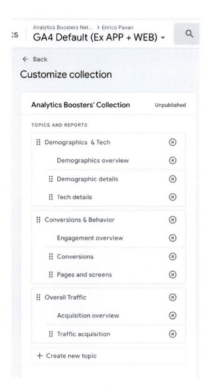

Fig. 4: GA4™ Library Collection Creation

Ora basta cliccare su "Save" e la nuova collezione apparirà come card all'interno dell'home page delle Collection. **Per far apparire la nuova Collection** all'interno del menu Reports bisogna cliccare sui tre pallini in alto a destra della card e **scegliere "Publish".**

Fig. 5: GA4™ Library Collection Creation

Una volta pubblicato la collezione appare tra i report di GA4™ e **sarà possibile iniziare ad analizzare i dati.**

Fig. 6: GA4™ Library Collection Creation

!Nota! Consideravo Google Universal uno strumento veramente flessibile rispetto a molti competitor ma dopo l'introduzione di queste nuove features penso che GA4™ porti il concetto di personalizzazione ad un livello ancora più elevato!

16. GA4™: Advertising Workspace > Advertising Snapshot

In questo capitolo il focus sarà centrato sull'**Advertising Workspace**, ovvero **uno spazio dedicato a tutte le campagne** intraprese, ai **modelli di attribuzione** e al **pathing conversion**.

Per accedere al primo report di questa sezione basta cliccare "Advertising" all'interno del menu di sinistra.

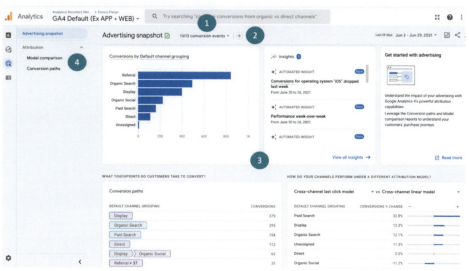

Fig. 1: GA4™ Accesso all'Advertising Workspace

In questa schermata sono presenti 4 tipologie di elementi:

1. **Conversion Drilldown Selection**: cliccando su Conversion Events è possibile scegliere se attivare tutte, una o solo alcune delle conversions già settate in GA4™.

2. **Filtri**: è possibile filtrare i dati presenti sulla schermata per qualsiasi tipo di evento presente in GA4™.

3. **Report Cards**: ovvero delle schede riepilogative che **includono i dati a partire dal 14 giugno 2021!** Al momento, di default, sono presenti le schede Conversion by Default Channel Groups, Conversion Path ossia i percorsi che hanno portato l'utente verso la conversione e l'Attribution Model Comparison dove è possibile visualizzare on the fly le variazioni di contributo alla conversione a seconda dei modelli confrontati.

4. **Report Links**: veicolano nel dettaglio del Model Comparison e del Conversion Path

È presente, infine, la nuova card Insights che, *tramite machine learning di GA4™, indica eventuali variazioni significative o tendenze emergenti* nei dati presenti in questo rapporto.

Cliccando su **"View all insights"** si aprirà un nuovo pannello come questo:

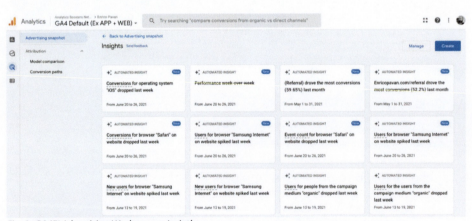

Fig. 2: GA4™ Advertising Workspace > Insigths

All'interno sono presenti N cards create in automatico mentre in alto a destra è possibile scegliere tra **"Manage"** e **"Create"**.

Cliccando su **"Create"** si aprirà un nuovo pannello dove **scegliere tra i singoli elementi già presenti di default oppure crearne uno da zero**.

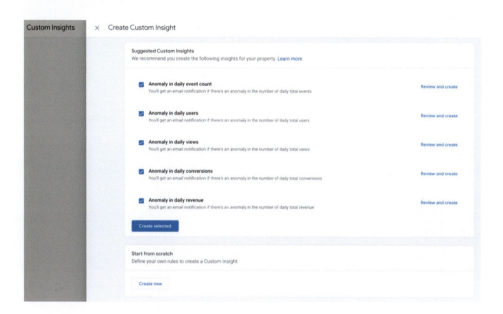

Fig. 3: GA4™ Advertising workspace > Insights

Cliccando su **Create New** è possibile **creare** un **insight personalizzato scegliendo Frequenza, Segmento, Metrica e Variazione**; inoltre, si può decidere di far inviare una mail a più utenti quando il fenomeno viene registrato, come riportato nello screenshot seguente.

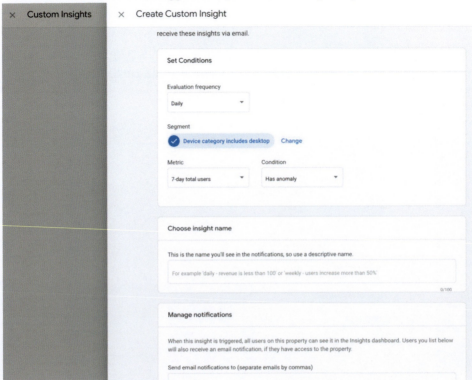

Fig. 4: GA4™ Advertsing Workspace > Insights

In questo esempio sta per essere creato un custom insights che si attiva quando, giornalmente, viene verificato il traffico da desktop dei 7-days-total users.

GA4™: Attribution > Model Comparison

Il primo report di questa sezione è dedicato alla comparazione dei modelli di attribuzione.

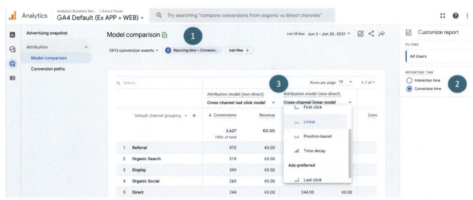

Fig. 5: GA4™ Attribution > Model Comparison

1. **Menu Orizzontale**: è possibile scegliere le conversioni da analizzare, la tipologia di Report Timing e l'attivazione o meno di filtri/segmenti.

2. **Report Timing**: è un filtro che permette di scegliere se utilizzare l'interaction time o il conversion time. Il primo include tutti gli eventi intercorsi nell'intervallo di tempo dedicato; il secondo considera tutti gli eventi intercorsi durante un arco temporale che hanno portato l'utente alla conversione.

3. **Attribution Model**: permette di scegliere tra i principali modelli cross-channel e quelli/o presenti in Ads preferred (attualmente solo last click).

Grazie a questo report sarà possibile confrontare, tramite i modelli a disposizione, come cambiano gli impatti delle campagne intraprese sui progetti di marketing.

GA4™: Attribution > Conversion Path

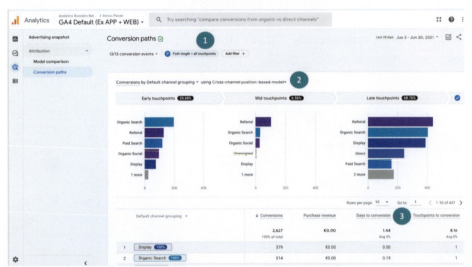

Fig. 6: GA4™ Attribution > Conversion Path

Questa sezione può diventare un grande punto di interesse per GA4™ rispetto a Google Universal Analytics in quanto sono presente elementi di sicuro interesse per quanto concerne onboarding e retention delle campagne marketing.

In questo report sono presenti tre elementi principali

1. **Path Length**: è possibile scegliere il numero di touchpoint da considerare nell'analisi (di default sono considerati tutti i touchpoints).

2. **Path Analysis**: selezionando un modello di attribuzione vengono generati un grafico e una tabella di forte impatto che possono dare una mano, anche graficamente, a capire il comportamento degli utenti con le campagne. Il grafico iniziale è uno step in avanti notevole rispetto ad Universal in quanto si possono valutare a colpo d'occhio le caratteristiche degli utenti provenienti da tutte le campagne advertising.

3. **Metriche**: tra le metriche vengono inserite sia i giorni alla conversione sia il numero di touchpoint che sono serviti a far convertire il segmento utenti di interesse. Anche in questo caso sarà possibile valutare ancora più nel dettaglio l'attività di marketing intrapresa e creare successivi clusters/audiences per migliorare la conversions del business di riferimento.

Rispetto ad Universal, le informazioni contenute nell'**Advertising Workspace di GA4™** permettono di analizzare agevolmente la resa delle campagne di marketing attraverso l'utilizzo dei modelli di attribuzione e al pathing, soprattutto grazie alle nuove rappresentazioni grafiche che rendono il tutto molto più di impatto.

17. GA4™: Adjust Session Timeout & Engaged Session

Fig. 1: GA4™ Adjust Session Timeout & Engaged Session

Per accedere a questa feature basta andare selezionare lo stream di interesse e, successivamente, More Tagging Settings > Adjust session timeout.

La schermata presente due sezioni:

- **Adjust session timeout**: tramite questa feature è possibile modificare l'intervallo di timeout della sessione a livello orario (fino a 7 ore)

- **Adjust time for engaged sessions**: l'engaged session di default scatta dopo 10 secondi sul sito o sull'app; grazie a questa configurazione è possibile incrementare il timing a 20, 30, 40, 50 o 60 secondi.

!Suggerimento! Per capire qual è il timing corretto per l'engaged session di riferimento, è possibile valutare l'attivazione di due eventi in GTM di tipo timing che vengono sganciati al click su una CTA di interesse all'interno delle pagine. Bisogna però suddividere tra landing page e standard page in quanto le due pagine hanno scopi diversi in termini di azioni che gli utenti possono compiere. Una volta ottenuti i dati basta effettuare la media e impostare il timer corretto per l'engaged session.

18. Google Analytics 4™: migliorare l'enhanced measurement

Fig. 1: GA4™ Migliorare enhanced measurement

Come visto nei capitoli precedenti, **Google Analytics 4™ in automatico traccia 6 eventi**:

- **Page Views**
- **Scrolls**
- **Outbound Links**
- **Site Search**
- **Video Engagement**
- **File Download**

Tutto molto bello e utile, peccato però che non vengano riportati, all'interno di GA4™, i parametri a cui fanno riferimenti gli eventi appena riportati.

Ad esempio, analizzando l'evento Scroll all'interno della panoramica eventi, di default non viene riportato il numero di volte in cui è scattato al 10%, 50%, ecc; visualizzando i dati di Outbound Links è presente solo l'informazione relativa al "click" e non quella associata al link cliccato, la search keyword del search term non è presente, ecc

Questo avviene in quanto, come riportato, si tratta di eventi tracciati di default: **non sono quindi esposti / associati i parametri con le principali informazioni di interesse.**

È quindi possibile capire, ad esempio, il titolo o l'estensione del file scaricato? Certo, basta **associare i corretti parametri creando delle custom dimensions.**

Outbound Links in GA4™

Di default il sistema rilascia un evento denominato "click" all'interno della lista degli eventi in GA4™ e da solo proprio non basta. È possibile però creare una **nuova custom dimension utilizzando il parametro "link_url"**, come evidenziato nello screenshot sotto:

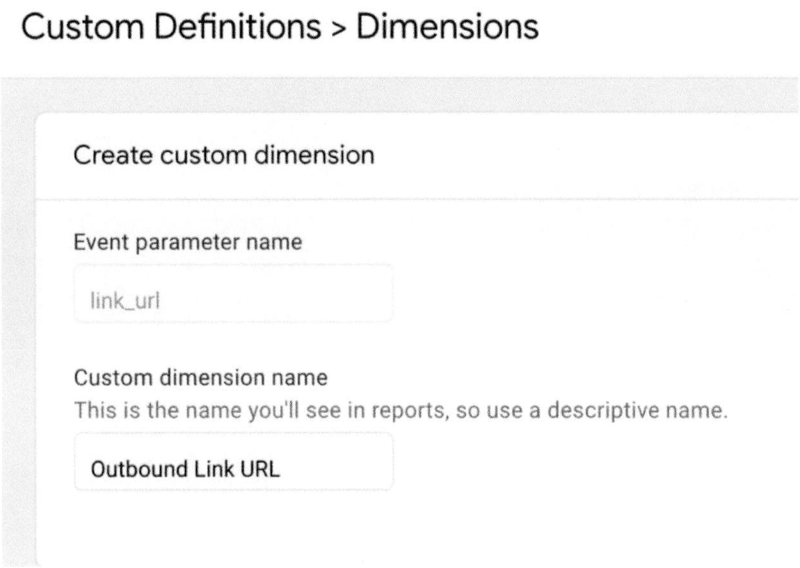

Fig. 2: GA4™ link_url custom dimension

In questo modo, analizzando l'evento di riferimento, **tra le singole card sarà presente anche quella contenente il link cliccato dall'utente**

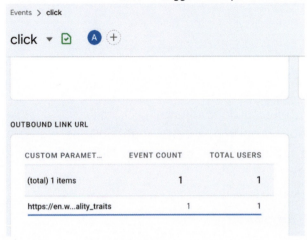

Fig. 3: GA4™ link_url Outbound link

Come mostrato dallo screenshot sopra, quando l'utente cliccherà su un elemento che lo porta al di fuori del dominio di navigazione (es. da miosito.com ad amazon.com) anche l'url di destinazione completo sarà associato ed evidenziato all'evento "click".

File Downloads in GA4™

Per questo evento consigliamo di associare due parametri per valutare meglio la tipologia di file scaricato dall'utente:

- **file_name:** che conterrà il nome del file
- **file_extension:** indicherà la macro categoria di appartenenza del file scaricato

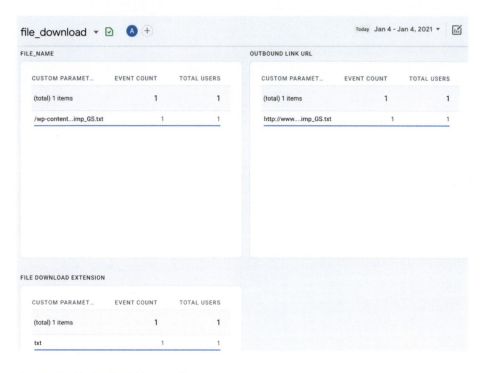

Fig. 4: GA4™ file download, file name, file extension

Nota: come è riportato nello screenshot sopra, è presente anche il link_url che era stato creato in precedenza: questo è dovuto alla condivisione del parametro tra più eventi

Site Search in GA4™

L'unico parametro da settare, per questo evento è **"search_term"** che **restituisce la keyword inserita** dagli utenti nel motore di ricerca interno

SEARCH_TERM		
CUSTOM PARAMET...	EVENT COUNT	TOTAL USERS
(total) 1 items	1	1
mailchimp	1	1

Fig. 5: GA4™ Keyword site search

Video Engagement in GA4™

Relativamente ai video, di default, Google Analytics 4™ genera gli eventi "video_start", "video_progress" e "video_complete" per tutti i video embedded via YouTube™.

Per generare una migliore lettura dei dati, suggeriamo di **settare tra le custom dimension "video_title" e "video_url"** che forniscono, rispettivamente, il titolo e l'url del video visualizzato dagli utenti

Scroll tracking in GA4™

Per questo evento le cose sono un po' più complicate in quanto **bisogna agire anche tramite Google Tag Manager.**
Di default l'evento in Google Analytics 4™ viene attivato quanto l'utente raggiunge il 90% della pagina. Sarebbe molto più interessante riuscire ad avere anche i valori di scrolling classici, per valutare quanti si fermano a metà pagina o addirittura prima.

Per poter inserire le percentuali di scrolling in questo evento, basta seguire i passaggi descritti di seguito:

1. **In GTM creare un nuovo evento GA4™**
2. **Nominare l'evento "scroll"**
3. **Aggiungere il parametro "percent_scrolled"** (non presente nella lista dei parametri) **e come valore creare la variabile {{Scroll Depth Threshold}}**
4. **Creare l'attivatore su una o più pagine di interesse e inserite le "distanze in %"**, evitando di inserire 90 in quanto verrebbe tracciato doppio

Dovreste quindi avere un tag fatto in questo modo:

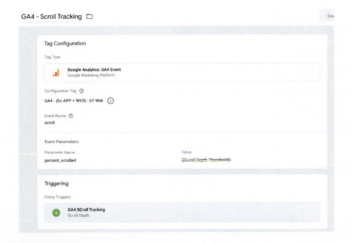

Fig. 6: GA4™ GTM scroll tracking

Il risultato sarà il seguente:

Fig. 7: GA4™ Scroll tracking

19. Come creare una page view virtuale in GA4™

Perché creare una pagina vista virtuale in GA4™? Ad esempio, si decide di tracciare il flusso di acquisto che è stato sviluppato in modalità "one step checkout", ovvero l'url di avanzamento nel checkout non cambia, oppure il sito è stato creato tramite tecnologia Angular o React che, anche in questo caso, non permettono a GA4™ di rilevare il cambio pagina, ecc.

In GA4™ è possibile creare una virtual pageview attraverso due touchpoints:

- *Tramite Google Tag Manager™ e il Tag Evento di GA4™ (preferito)*

- *Tramite interfaccia di GA4™*

Virtual pageview in Google Analytics 4™ con Google Tag Manager

Utilizzando GTM basta creare il tag evento di GA4™ specificando che si tratta di un evento page_view e contiene i parametri page_location e page_title, come riportato nell'esempio sotto.

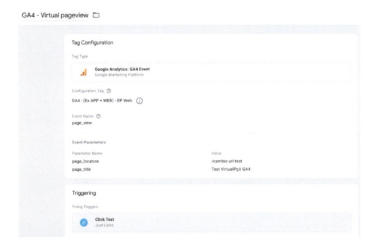

Fig. 1: GA4™ Virtual pageview via GTM

Virtual pageview direttamente da interfaccia GA4™

In questo caso basterà semplicemente **creare un nuovo evento e modificare il valore passato come parametro;** tale valore può essere fixed, ovvero viene specificata una costante, oppure variabile (in questo caso è necessario inserire il valore tra parentesi quadre [[new_value]].

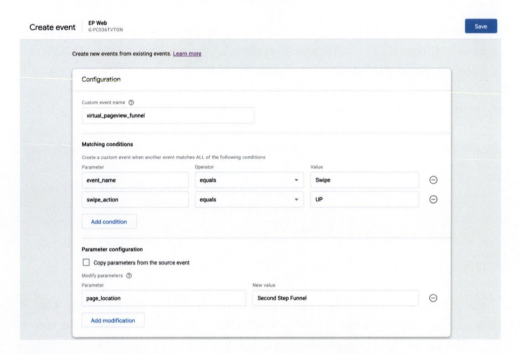

Attenzione: la pageview in questo caso viene generata se e solo se il nuovo evento matcha le condizioni espresse.

Dove vengono visualizzate le pagine viste virtuali in GA4™?

Entrambe le tipologie di pagina si possono trovare sotto il **parametro page_location**. La principale differenza tra primo e secondo caso è dovuta alla creazione di un nuovo evento nel caso volessi procedere tramite console.

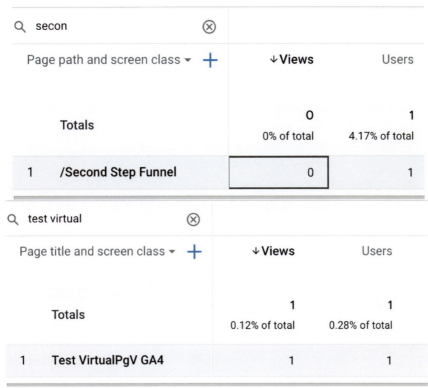

Fig. 3: GA4™ Virtual pageview

20. Custom Conversion in GA4™

Le custom conversions sono degli eventi di GA4™ che vengono attivati anche come conversioni, come già discusso nei precedenti capitoli.

In questo esempio, si desidera tracciare come custom conversion la visualizzazione della pagina /contatti del sito miosito.com.

Ovviamente **non è possibile settare l'evento "page_view"** come conversione in quanto tutte le pagine viste diventerebbero una conversione; la procedura sarà quindi composta dai seguenti steps:

1. Accedere all'interfaccia Events > All Events
2. Cliccare "Create Event" (Bottone Blu) in alto a destra

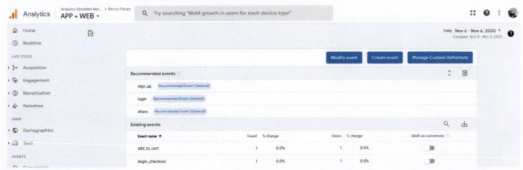

Fig. 1: GA4™ Create event

3. Si aprirà la schermata di creazione dell'evento

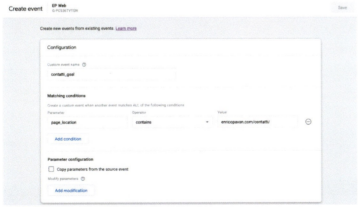

Fig. 2: GA4™ Create event interface

4. A questo punto bisogna **dare un nome significativo all'evento**, in questo caso "contatti_goal"; successivamente, nella sezione "Matching Conditions" e **inserire nel field "Parameter" il parametro che identifica la conversione**: nell'esempio selezionare "page_location" dal menu drilldown (o inserirlo a mano). Successivamente **selezionare l'operatore condizionale**, ad esempio "contains", ed **inserire il valore del parametro di interesse:** in questo caso misito.com/contatti/ e cliccare Save.

Fig. 3: GA4™ Create event interface

5. A questo punto basta **andare su "Events > Conversions" e cliccare il pulsante in alto a destra "New Conversion Events" e**, una volta visualizzata il form, **inserire lo stesso nome dell'evento appena creato**.

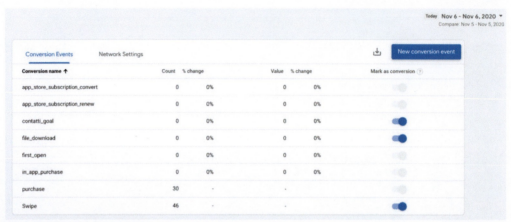

Fig. 4: GA4™ Custom Conversions

Verifica della custom conversions

Ora basta generare l'evento all'interno del sito, nell'esempio riportato basta visualizzare la pagina di contatti del sito, e **visualizzare la scheda "Real Time"**. In questo report, se è tutto configurato correttamente, il dato viene rilevato **sotto "Event Count by Event Name" e sotto "Conversion by Event Name"**.

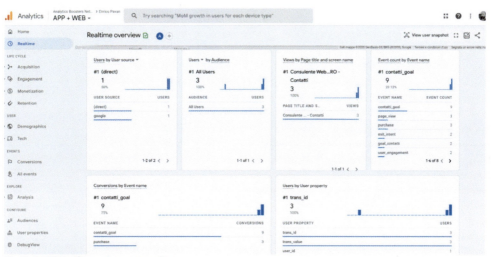

Fig. 5: GA4™ Verifica custom conversions

21. GA4™: Come creare i Content Group

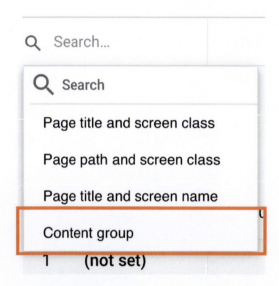

Fig. 1: GA4™ Content Groups

I Content groups sono dei raggruppamenti di contenuto che risultano molto utili quando si vogliono analizzare le metriche aggregate per categoria. Per esempio, se si analizza un ecommerce di prodotti sportivi (es. Adidas, Nike, ecc) è possibile creare dei content groups dedicati a Uomo (tutte le pagine/contenuti relativi a questa categoria), Scarpe Calcio (tutti i contenuti/pagine legate alle scarpe da calcio), Scarpe Corsa, ecc.

In questo modo si raggruppano i contenuti omogenei tra loro in macrocategorie che si possono analizzare e confrontare tra loro (es. genera più revenue la sezione Uomo o Donna?)

I dati relativi ai Content Group si trovano di default all'interno del report dedicato alle pagine/schermate ma **il valore di default è uguale a (not set)**, oppure sono utilizzabili come dimensione all'interno della sezione Explore.

Come creare in GA4™ i Content Group

Per creare i Content group sono necessari due elementi: **Google Tag Manager ™e il tag di configurazione di Google Analytics 4™.**

Di seguito gli step per la creazione dei gruppi di contenuto:

1. Aprire o creare il **file di configurazione di GA4™ all'interno di Google Tag Manager**

2. **All'interno della voce "Fields to set", assegnare come parametro "content_group"** e come valore il contenuto che volete associare. Essendo ovviamente basato sulle visualizzazioni di pagina, il contenuto di questo parametro sarà per forza dinamico. Suggeriamo quindi di creare o una Regex LookupTable in GTM in cui viene passato il {{Page Path}} come input oppure viene triggerato un custom event con variabile pageCategory da passare sempre quando viene visualizzata una pagina (o con un dataLayer pre caricamento GTM). Nell'esempio la strada intrapresa è quella relativa alla Regex LookupTable.

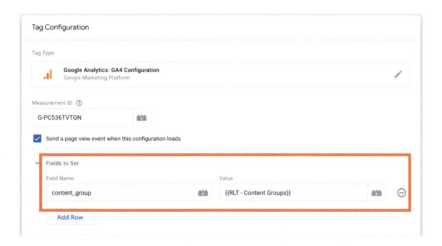

Fig. 2: GA4™ Tag di configurazione GA4™

3. Aggiungere il trigger di riferimento per far scattare il tag.

4. **Aggiungere content_group alle custom dimension** di GA4™ altrimenti nessun dato sarà visibile nello strumento.

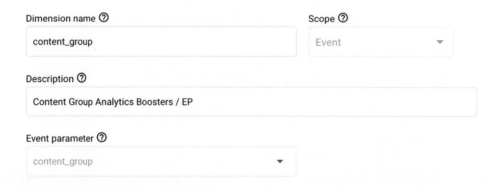

Fig. 3: GA4™ Content Groups > Custom definition

Verificare i Content Group in GA4™

Ovviamente prima di pubblicare il container, è buona norma effettuare un test in debug e controllate che **all'interno dell'evento "page_view" sia riportato il parametro "content_group" con il valore associato**.

Fig. 4: GA4™ Debug Content Groups

In questo caso l'utente ha visualizzato un contenuto dedicato all'ottimizzazione e il parametro content_group è valorizzato con Optimize.

Dopo circa 24h dal momento post definizione dei content_group, all'interno del report dedicato, saranno visualizzate i dati di interesse.

Content group ▾ ＋	Views
Totals	51 100% of total
1 (not set)	25
2 Consulenza	26

Fig. 5: GA4™ Content Groups Views

Limitazioni del Content Group in GA4™

- **Il Content Group di GA4™ si attiva nel report dedicato solo se associato alla page_view o alla screen_view.** Se associato ad un diverso evento, il parametro viene valorizzato ma il report rimane (not set).

- **Non si rileva un limite di categorie di raggruppamenti** come in Universal Analytics (5 di default).

- Non si rilevano **gerarchie** tra i gruppi di contenuto.

- Il parametro è **disponibile in BigQuery.**

22. Google Analytics 4™: esclusione dei referral

Questa funzione è molto utile quando **si è in presenza di domini terze parti che possono influire sull'attribuzione della conversione**, come ad esempio gateway di pagamento (Paypal), recupero credenziali con sistemi esterni, cross-domain tracking, ecc.

Tramite la nuova interfaccia, si possono quindi creare delle condizioni di esclusioni grazie alle quali, **Google Analytics 4™ valuta tutti gli eventi inviati e aggiunge il parametro ignore_referrer=true** se tale evento matcha le condizioni espresse. Il parametro indica ad Analytics che il referrer non deve essere visualizzato come sorgente di traffico.

Caso speciale: nel caso del cross-domain tracking Google Analytics 4™, per impostazione predefinita, non identificherà il traffico dei domini coinvolti come referral, sia a livello di auto-domain (es. enricopavan.com) sia a livello di interdomimio (presenza del parametro linker _gl).

Attivare l'esclusione dei referral da GA4™

Attivare la feature è molto semplice, basta seguire i passaggi indicati:

1. **Accedere alla sezione Admin di GA4™**
2. **Selezionare lo Stream Web di interesse**
3. **Cliccare su "More Tagging Settings > List Unwanted Referrals"**
4. **Inserire i domini che si vogliono escludere, come mostrato nell'esempio sotto**

Fig. 1: GA4™ Unwanted referrals

Attivare l'esclusione dei referral attraverso GTM

Nel caso in cui fosse necessario **escludere il referrer solo in alcuni casi**, è possibile agire direttamente da Google Tag Manager, inserendo il parametro ignore_referrer = true, come nell'esempio sotto (oppure direttamente nel file di configurazione).

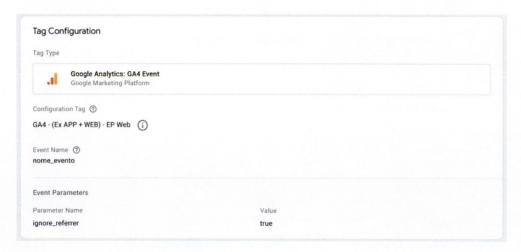

Fig. 2: GA4™ Esclusione referrer da GTM

23. Google Ads – Analytics Hub GA4™

Per poter visualizzare i dati di costo in GA4™ bisogna creare un **report ad hoc** all'interno della sezione Explore.

Creazione Report Google Ads – Exploration

Per prima cosa, dopo aver fatto accesso alla sezione Explore di GA4™, **selezionare "blank" e nella casella "Tecnique" scegliere "Exploration"** e come visualizzazione la **versione tabellare.**

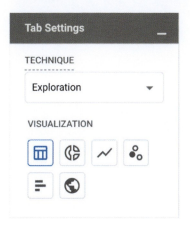

Fig. 1: GA4™ Exploration > Table

Selezione delle metriche di Google Ads in GA4™

A questo punto è necessario selezionare le metriche da visualizzare. Per farlo basta cliccare sul + presente a fine prima colonna alla voce "Metrics"

Si aprirà un nuovo layer a destra con una serie di metriche selezionabili. Ricercare tramite la search integrata "Google Ads" oppure sotto il capitolo "Advertising" e spuntare le voci:

- **Google Ads Cost**
- **Google Ads Clicks**
- **Google Ads Impressions**
- **Google Ads Cost per click**
-

Cliccare su "Apply": la sezione delle metriche conterrà anche quelle che abbiamo scelto.

Selezione delle dimensioni di Google Ads in GA4™

A questo punto bisogna scegliere la/le dimensione/i per riga.

Per farlo basta selezionare Dimensions nella colonna delle variabili e cliccare il pulsante +. Come per il punto precedente, **selezionare la dimensione di Google Ads** di interesse. In questo caso di esempio si è optato per "Keyword".

✕ 🔍 Google Ads key ⓧ	APPLY
☐ User **Google Ads key**word text: Cross-channel last click	
☐ Event **Google Ads key**word text: Cross-channel last click	
☐ Session **Google Ads key**word text: Cross-channel last click	
☐ User **Google Ads key**word text: Cross-channel last engagement	
☐ Event **Google Ads key**word text: Cross-channel last engagement	
☐ User **Google Ads key**word text: Google Ads preferred last click	
☐ Event **Google Ads key**word text: Google Ads preferred last click	
☐ User **Google Ads key**word text: Google Ads preferred last engagement	
☐ Event **Google Ads key**word text: Google Ads preferred last engagement	

Fig. 2:: GA4™ Gads dimensions

Oltre che come riga, è possibile decidere di **utilizzare una dimensione anche come colonna**, in modo da creare una sorta di tabella pivot. Ad esempio, potrebbe essere interessante scegliere l'adgroup di riferimento.

Visualizzazione report Google Ads in GA4™

Una volta inserite le dimensioni nelle righe e nelle colonne e le metriche nella sezione dedicata ai valori, il Data Output sarà simile al seguente:

User Google Ads ad group name: Cross-channel last click	Ad group 1					
User Google Ads keyword text: Cross-channel last click	Google Ads impressions	Google Ads clicks	Google Ads cost per click	Google Ads cost	Conversions	Engaged sessions
Totals	7,007 100% of total	385 100% of total	€0.63 Avg 0%	€240.92 100% of total	443 100% of total	119 100% of total
1	2,995	179	€0.64	€114.25	189	55
2	2,538	120	€0.62	€73.93	136	36
3	743	44	€0.61	€26.93	90	12
4	504	27	€0.61	€16.34	24	13
5	134	8	€0.65	€5.21	0	0
6	67	2	€0.67	€1.33	1	2
7	19	3	€0.65	€1.96	0	1
8	7	2	€0.48	€0.97	3	0

Fig. 3: GA4™ Gads data output

Oltre ai dati di Google Ads sono state inserite come metriche le **conversioni e anche le engaged sessions**: in questo modo è possibile avere una visione più ampia della resa delle singole keywords della campagna.

24. Integrare Search Console e Google Analytics 4™

Per collegare GA4™ a Search Console bisogna accedere nella sezione Admin e successivamente individuare sotto la property GA4™ > Product Linking la voce "Search Console Linking", come evidenziato nello screenshot:

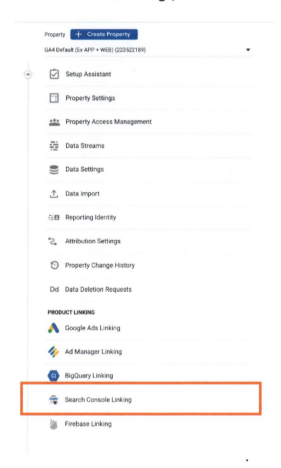

Fig. 1: GA4™ Search Console Linking

Ora, nella schermata successiva, basta cliccare la call to action blu "Link" presente in alto a destra, come indicato nello screenshot seguente:

Fig. 2: GA4™ Search Console Linking

Nella successiva schermata è sufficiente seguire i singoli step che vengono evidenziati nel tutorial.

!Attenzione! Il linking è 1:1 ovvero è possibile agganciare una sola proprietà Search Console a GA4™!

Fig. 3: GA4™ Search Console Linking Selection

Altro elemento da ricordare è che **Search Console può essere linkato solo alle Web Property**; quindi, bisogna scelgiere quella corretta presente all'interno della property GA4™ di riferimento.
Una volta terminati i passaggi guidati, apparirà una schermata come quella riportata nello screenshot e l'aggancio verrà notificato anche via mail.

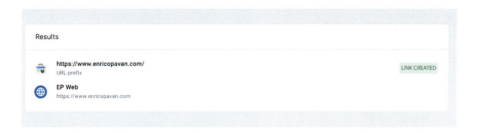

Fig. 4: GA4™ Search Console Linked

Integrare Search Console e Google Analytics 4™ – Report

Fig. 5: GA4™ Search Console Link

Per visualizzare i dati bisogna attendere 24h dal collegamento e successivamente cliccare su Acquisition > Overview oppure nel report dedicato "Search Console" e saranno presenti due nuove schede: Google Organic Search Traffic e Google Organic Search Queries.

- **Google Organic Search Traffic**: visualizza le pagine di destinazione con le metriche di Search Console e Analytics associate. Si possono quindi approfondire i dati in base alle dimensioni Paese e Dispositivo.

- **Google Organic Search Queries**: visualizza le query di ricerca e le metriche di Search Console associate per la proprietà di Search Console collegata. Si possono approfondire i dati in base alle dimensioni di Search Console (ma non alle dimensioni di Analytics).

Search Console e GA4™: informazioni principali

Ovviamente la feature presenta alcuni aspetti che vengono sottintesi ma che necessitano di un maggior dettaglio esplicativo:

- **Search Console connette i dati degli ultimi 16 mesi**. Di conseguenza, i rapporti in Analytics includono anche un massimo di 16 mesi di dati.

- **I dati di Search Console sono disponibili in Search Console e in Analytics 48 ore** dopo essere stati raccolti da Search Console.

- **Le metriche di Search Console sono compatibili solo con le dimensioni di Search Console e** le seguenti dimensioni di Analytics: **Pagina di destinazione, Dispositivo e Nazione**

- Si può collegare una proprietà di Search Console a un solo web stream. (Vale anche il dual tagging, ovvero collegare la stessa proprietà di Search Console a una proprietà di Universal Analytics.)

- **Non si possono modificare il link.** Se è necessario apportare una modifica a un collegamento, è necessario eliminare il collegamento esistente e quindi crearne uno nuovo.

Considerazioni sul linking tra GA4™ e Search Console

Al momento, questa integrazione è un ottimo passo in avanti in ottica di full integration con tutta la suite Google Marketing Platform ma, come successo per Universal Analytics, anche in questo caso è **una trasposizione di quanto presente in Search Console dentro GA4™**. L'aspettativa è che a tendere venga resa disponibile la possibilità di **integrare e usare questi dati con altre dimensioni e metriche magari attraverso la sezione Explore** (con magari una sezione dedicata ai Web Core Vitals).

Un'integrazione di questo tipo permetterebbe di avere in un unico strumento tutti gli elementi necessari per valutare alcune delle attività SEO e renderebbe sicuramente più performante anche un'analisi in ottica di Conversion Rate Optimization, dato che non sarebbe più necessario incrociare dati provenienti da N fonti diverse.

25. Google Analytics 4™: Data Import Overview

L'importazione dei dati **consente di caricare i dati da fonti esterne e unirli con quelli di Analytics**. L'idea è quindi quella di poter importare informazioni presenti nei sistemi esterni come ad esempio CRM, DMP, data lake, ecc all'interno di Google Analytics; in questo modo sarà possibile analizzare la user behavior e la customer journey a 360°.

GA4™: Data Import Tiplogie di Upload

Al momento si possono caricare solo file CSV e possono essere relativi a cinque tipologie di dimensioni (in realtà quattro, di cui una sdoppiata):

- **Cost Data:** Importa i dati di advertsing relativi a fonti non Google. Questo caricamento associa i dati sui costi alle campagne, alle origini e ai mezzi al momento del rapporto/query. Questi dati possono essere eliminati senza influire sui dati degli eventi sottostanti. Classico esempio è rappresentato dall'import dei dati di costo delle campagne Facebook o Bing Ads in GA4™: in questo modo è possibile avere un'overview quanto più concreta possibile del ROAS target del business di riferimento.

- **Item Data**: Importa i metadati del prodotto come marca, categoria e / o variante. Questa tipologia di upload trova e sostituisce i valori al momento della generazione del rapporto / query in modo da visualizzare i dati importati più recenti nei rapporti e nelle analisi. Il data source può essere eliminato senza particolari problemi o influenze su altri eventi/parametri.

- **User Data by Client ID**: l'import si basa sul Client ID e / o App_Instance_ID. La rimozione di questi dati richiede l'eliminazione dell'utente o dei dati ad esso associati.

- **User Data by User ID**: l'import si basa sulla UserID per aggiornare e associare nuovi valori di tipo utente per ogni ID utente caricato. La rimozione di questi dati richiede l'eliminazione dell'utente o dei dati ad esso associati. Ad esempio, si possono importare i dati di tipo membership o ltv per i singoli users in modo da poter aumentare la segmentazione e l'analisi o attività di remarketing tramite audiences mirate.

- **Offline Event Data:** Importa eventi offline da fonti senza una connessione Internet o che altrimenti non possono supportare la raccolta di eventi in tempo reale tramite SDK o Measurement Protocol. Questi eventi, una volta caricati, vengono elaborati come se fossero stati raccolti tramite SDK utilizzando il timestamp fornito o l'ora del caricamento – se il timestamp non è fornito. La rimozione di questi dati richiede l'eliminazione dell'utente o dei dati ad esso associati. L'esempio classico è rappresentato dall'import dei dati provenienti dallo store fisico in modo da poter determinare la customer journey dell'utente a 360°.

Limitazioni data upload in GA4™

Ci sono tre limiti al momento per l'import di GA4™

- 10GB di total storage
- 1 GB massimo per data source importata
- 24 upload max per giorno

Esempio di flusso di data import

In questo paragrafo verranno forniti due esempi di importa dati, uno relativo all'import degli item data mancanti e un altro dedicato all'import dei dati offline di uno store.

Item data import

Dopo aver fatto accesso alla sezione di data import (Admin > Property > Data Import) e aver cliccato su "create data source", selezionare Item Data

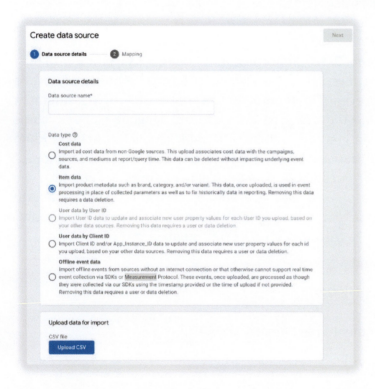

Fig. 1: GA4™ Import Data > Item Data

Una volta scelto il nome, cliccare su **upload CSV**. Il passaggio successivo sarà quello denominato **"Mapping".**

!Attenzione! una volta selezionato il mapping, non è più possibile modificarlo in futuro.

Fig. 2: GA4™ Import Data > Mapping Data Sources

In questo step bisogna **associare, almeno ai campi obbligatori (in questo caso UserID) gli header presenti nel file CSV**. Una volta terminata la mappatura basta cliccare su import e i dati verranno importati.

Una volta importato la schermata dirà se è **andato a buon fine oppure se è presente qualche errore.**

Fig. 3: GA4™ Import Data > Upload Completed

Cliccando su **">" è possibile consultare l'history degli import** e cliccando sul singolo import si possono **visualizzare eventuali errori** o elementi andati a buon fine.

Import GA4 UserID

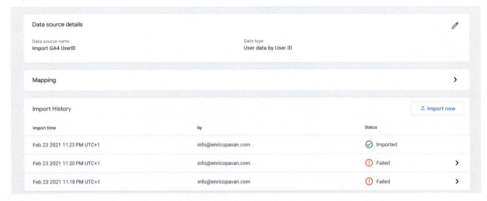

Offline data import

Come riportato precedentemente, questo è il classico caso di un brand che gestisce sia un eCommerce che uno store fisico: solitamente si passa per un datalake o similare per poter incrociare i dati di vendita online e offline e avere un behavior corretto degli utenti; questo comporta una serie di passaggi che possono allungare il tempo di analisi dei dati. Ora con questa feature si potranno caricare tutti i dati dentro GA4™ e generare segmentazioni e analisi super approfondite direttamente nello strumento.
Una volta caricati, gli eventi vengono elaborati come se fossero stati raccolti tramite SDK/Measurement protocol, utilizzando il timestamp specificato in un campo del file CSV oppure tramite timestamp del momento di caricamento dei dati.

Quali eventi si possono importare?

Si possono importare:

- gli eventi di tipo "enhanced" ovvero raccolti in modo automatico da Google Analytics 4™

- i recommended events dedicati ai diversi vertical

- i custom event + parametri o user properties

Come per tutti i dati di GA4™ è possibile rimuoverli tramite la funzione di "Data Deletion Requests".

Come funziona l'offline event import in GA4™?

Per poter accedere alla sezione di importazione dei dati online basta accedere alla sezione Admin > Data Import > Create Data Source e cliccate su "Offline event data".

Il CSV da importare prevede dei campi obbligatori e altri campi facoltativi che devono però entrambi sottintendere ad uno schema ben preciso, come riportato nel seguente esempio.

Campi obbligatori

Campi obbligatori	
Web	**App**
client_id	app_instance_id
measurement_id	firebase_app_id
event_name	event_name

Tab1: GA4™ Import Data > Campi obbligatori

Campi obbligatori	
Web	
client_id	12345.6789
measurement_id	G-yourcode
event_name	page_view

Tab2: GA4™ Import Data > Campi obbligatori

Campi Importabili

Campi Importabili	
Data Import	**Note**
timestamp_micros	Il timestamp dell'evento. Se manca viene utilizzato il timestamp del caricamento del CSV
user_id	Fortemente raccomandato, se presente
event_param.<name>	In name deve essere inserito il nome del parametro
user_property.<name>	In name deve essere inserito il nome della user property
item<x>.<item_param>	Qui facciamo prima con un esempio :)

Tab3: GA4™ Import Data > Campi importabili

Campi Importabili		
Data Import	**Esempio**	**Nota**
timestamp_micros	16094880000	Vedi descrizione
user_id	MC001	Es. User ID Mailchimp
event_param.page_location	/cart	Es. pagina carrello
user_property.membership	gold	Es. Status utente
item1.item_name	Steph Curry Jersey Home	Es. nome prodotto

Tab4: GA4™ Import Data > Campi importabili

Ora bisogna creare lo schema eventi, in formato CSV, da importare e verificare il mapping automatico con gli header del file.

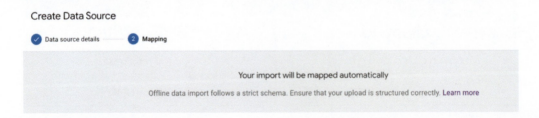

Fig 5: GA4™ Import Data > Mapping

Una volta mappato e importato ci vorranno circa 24h per rendere le modifiche effettive.

Limitazioni dell'offline event import di GA4

Ovviamente tale import presenta delle limitazioni:

- Non si possono utilizzare eventi, parametri e user property di tipo "reserved" in quanto il file sarà rifiutato. Per reserved si fa riferimento alle istanze di default raccolte da GA4.
- Gli item event parameters che non comprendono un valore saranno rifiutati. Al momento esiste il support per la tipologia Ecommerce, Jobs e Travel.
- Si applicano tutte le altre regole già esistenti per gli eventi, parametri e user property.

26. Collegare GA4™ e Google Optimize™

Per prima cosa bisogna accedere all'**account di Google Optimize™** (oppure crearne uno nuovo) e cliccare in alto a destra alla voce **"Settings"**, come evidenziato dallo screenshot

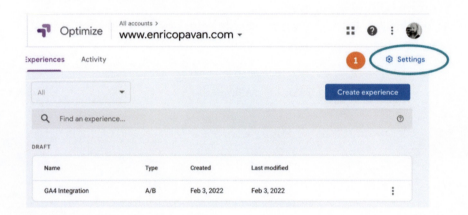

Fig 1: GA4™ + Optimize

Nella schermata che si aprirà, selezionare **lo slot dedicato a Google Analytics** (step 2)

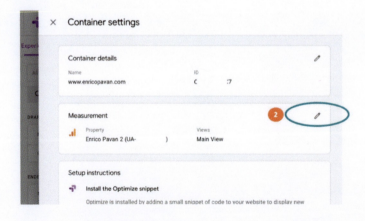

Fig 2: GA4™ + Optimize

E successivamente **modificare** il collegamento da **Universal Analytics alla property GA4** di interesse (step 3) e s**alvare il cambio.**

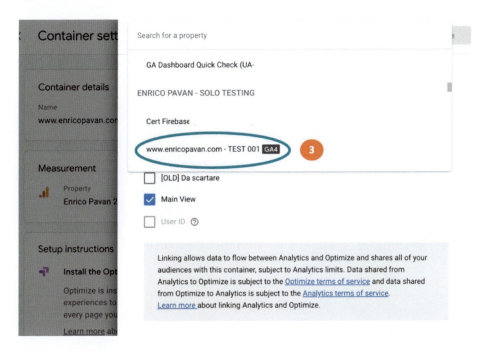

Fig 3: GA4™ + Optimize

Prime Considerazioni

Quello che risulta subito evidente è l'**impossibilità di inviare i dati a due property distinte**, ovvero quella di Universal Analytics -magari- "storica" e quella nuova di GA4™.

Una volta effettuato il cambio viene dato quindi un taglio con il passato in quanto tutte le eventuali bozze e i nuovi esperimenti verranno aggiornati con il collegamento alla property GA4™. I test conclusi e che erano sotto property Universal Analytics manterranno il collegamento esistente e i dati saranno accessibili finché la property UA esiste e/o si dispone dei grant di visualizzazione (o superiore).

Il counting delle impressions inizierà ad essere popolato fino a 12 ore dopo l'inizio di un esperimento.

Primo suggerimento: creare un nuovo account di Google Optimize™ a cui agganciare una property GA4 di prova e poi passate alla versione "live": avrete così il tempo di familiarizzare al meglio con i nuovi eventi generati da Optimize™.

Principali novità per l'integrazione GA4™ e Google Optimize™

Ovviamente ci sono anche tantissime novità (e benefici) in ambito integrazione GA4 – Google Optimize, tra cui:

1. *Utilizzare le Audiences di GA4™ in Google Optimize™*

Optimize consente di utilizzare le audiences di GA4 negli esperimenti, in modo da poter targhettizzare al meglio gli esperimenti su un gruppo di utenti che mostrano determinati comportamenti sul sito.

Questa funzione, in Universal Analytics, era attiva solo per gli account 360, ora invece è disponibile a tutte le property GA4™.

Dato il miglioramento delle audiences in GA4™, pensate a cosa si può ottenere in termini di targeting utenti e alle infinite possibilità di miglioramento delle performance del sito!

2. *Attivazione esperimenti in simultanea*

Al momento è possibile attivare fino a **10 esperimenti e 10 personalizzazioni simultanee per property.**

Rispetto a Universal Analytics è un leggero downgrade in quanto prima il limite era di 24 esperimenti e 10 personalizzazioni simultanee per vista.

3. *Google Ads Targeting e AMP Experiment*

A differenza di Universal Analytics, queste features non sono ancora disponibili in GA4™...

4. *Obiettivi*

Rispetto ai goals presenti in UA, in GA4™ è possibile scegliere al momento tra Purchases, Purchases Revenue e Pageviews

5. *Variant Impressions*

In GA4™ all'interno dei report sarnno presenti gli eventi **optimize_personalization_impression** ed **experiment_impression** di default quando si attiva un esperimento o una personalizzazione in Google Optimize.

6. *Durata Esperimento*

Viene ridotta la durata dell'esperimento dai 90 giorni max di UA ai **35 giorni di GA4™.**

7. *Variazione nei dati raccolti*

Anche a livello di reporting sono presenti delle differenze rispetto a UA:

1. In GA4 si possono generare dei rapporti sui **singoli utenti e sul behavior nelle experience in modalità multisessione**

2. Non è previsto al momento che Optimize rilasci un report realtime ma si può sempre utilizzare **GA4™ realtime report per visualizzare le impressions**

3. Al momento non vengono popolate delle custom dimensions relative agli esperimenti come in Universal Analytics

4. Ci potrebbero volere fino a 72 ore per visualizzare i dati all'interno di Optimize una volta collegato GA4™

Che dati vengono riportati in GA4™?

- Tra gli eventi registrati sarà presente **experiment_impression oppure optimize_personalization_impression**. Nello screenshot sotto sono presenti i dati relativi ad un esperimento di Optimize in GA4™.

Fig 4: GA4™ + Optimize: events

- Tra i parametri relativi all'evento, **experiment_id** indica l'id dell'esperimento attivo.

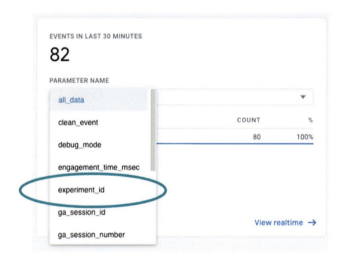

Fig 5: GA4™ + Optimize: parameters

- All'interno della sezione "Explore" si possono utilizzare i dati relativi all'esperimento generato

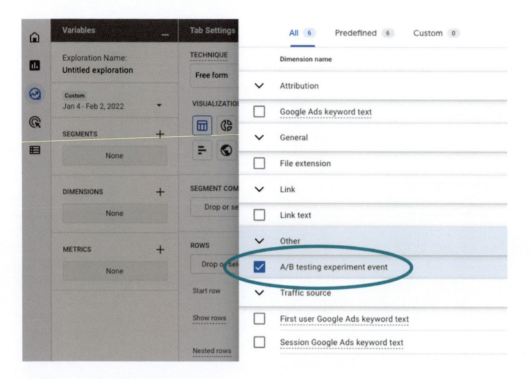

Fig 6: GA4™ + Optimize: Explore Section

Considerazioni complessive integrazione GA4 e Google Optimize

L'integrazione tra GA4 e Google Optimize porta GA4 stesso su un livello sempre più importante in termini di possibilità di miglioramento sia dell'esperienza utente che delle performance.

Basti pensare che ora è possibile utilizzare per tutte le property di GA4 le audiences, ovvero targhettizzare in modo super preciso gli utenti che devono essere coinvolti nelle esperienze che andiamo a creare: questo si traduce ovviamente anche in un benefit in relazione all'advertising per il remarketing e retageting visto che le stesse audiences posso importarle in Google Ads.

27. Nuovi parametri UTM per GA4™

Dopo circa quindici anni (15 anni!) con l'avvento di GA4™ sarà possibile **utilizzare dei nuovi parametri UTM** per migliorare il tracking e l'analisi dei dati.

Per chi non lo sapesse, i parametri UTM vengono inseriti in querystring delle URL e permettono di identificare sorgente, mezzo e campagna delle attività di marketing intraprese dal business. Ad esempio, possiamo conoscere con questi parametri quanti utenti arrivano dalla newsletter o dem, attraverso il canale e-mail relativo, magari, alla campagna SummerDiscount2022: in Analytics si trovano queste informazioni sia nei Default Channel Groups sia all'interno del report sorgente/mezzo e anche sotto la voce campagna.

La creazione degli UTM si era resa necessaria per poter distinguere e analizzare in dettaglio tutto il traffico proveniente dalle campagne marketing generate dalle aziende o fornitori esterni.

Solitamente per la parte di circuito Google (ad esempio Google Ads) questi parametri venivano ricodificati in modalità automatica mentre per tutto quello esterno all'ecosistema Google veniva taggato in modalità manuale.

La tabella sotto riporta sia gli attuali che in nuovi parametri UTM che si possono utilizzare e visualizzare in GA4™:

Tipologia	Parametri	Dimensioni coinvolte	Note
Parametri Attualmente Esistenti	utm_source	Source First user source Session source	Identifica la sorgente di traffico (es. bing)
	utm_medium	Medium First user medium Session medium	Identifica il mezzo con cui l'utente è arrivato al sito (es. organic, mail, ecc)
	utm_campaign	Campaign First user campaign Session campaign	Identifica la campagna associata a source e medium (es. ColiezioneEstate22, NovitàGA4, ecc
	utm_term	Manual term Session manual term First user manual term	Identifica la keywords utilizzata nelle campagne paid nei circuiti non Google
	utm_content	Manual ad content Session manual ad content First user manual ad content	Identifica il contentuto della campagna (es. bannerXYZ, bannersite_30x30, herosection, ecc)
Nuovi parametri GA4	**utm_source_platform**	Source platform Session source platform First user source platform	Identifica la piattaforma dove è stato intrapresta l'attività di marketing. Al momento di default questo parametro, presente sia in Explore sia come dimensione secondaria, raccoglie Google Ads o Manual (screenshot sotto)
	utm_creative_format	Creative format Session creative format First user creative format	Identifica la creatività utilizzata (es. skyscraper). Al momento non è disponibile nè tra i report nè in Explore
	utm_marketing_tactic	Marketing tactic Session marketing tactic First user marketing tactic	Identifica la tattica utilizzata (es. onboarding vs retention). Al momento non è disponibile tra i report o in Explore.

Lo screenshot sotto, invece, mostra la suddivisione del tracking relativo al parametro **utm_source_platform**: rileviamo *Google Ads, Manual e Shopping Free Listings*

	First user default channel grouping ▾	First user source platform ▾	✕	↓**New users**
	Totals			**62,374** 100% of total
1	Organic Search	Manual		26,884
2	Direct	(not set)		23,267
3	Display	Google Ads		5,460
4	Paid Search	Google Ads		3,998
5	Referral	Manual		1,056
6	Organic Video	Manual		612
7	Organic Social	Manual		411
8	Affiliates	Manual		301
9	Unassigned	Manual		185
10	Organic Shopping	Shopping Free Listings		163

1. *Fig 1: GA4™ New UTM Parameters*

28. Modeled Conversions

Verso fine luglio 2021, GA4™ ha introdotto le modeled convesions cross channel e queste conversioni sono incluse sia nei report standard sia nella sezione Explore.

Che cosa si intende per modeled conversions?

Google utilizza modelli di machine learning per stimare le conversioni online che non possono essere osservate direttamente. I modelli consentono un'attribuzione precisa delle conversioni senza identificare gli utenti, ad esempio per motivi di privacy / cookie, a causa di limitazioni tecniche o quando gli utenti passano da un dispositivo all'altro. L'utilizzo delle modeled converison consente a Google di offrire report più accurati, ottimizzare le campagne pubblicitarie e migliorare le offerte automatiche.

Come funzionano le modeled conversions?

Tramite gli algoritmi di machine learning, Google cerca le tendenze tra le conversioni osservate direttamente e non. Ad esempio, se le conversioni attribuite su un browser sono simili a quelle non attribuite da un altro browser, il modello di machine learning prevederà l'attribuzione complessiva. In base a questa previsione, viene quindi eseguita l'aggregazione delle conversioni per includere sia quelle modellate sia quelle osservate.

Le modeled conversions vengono incluse solo quando la loro qualità è ragionevolmente certa. Se il volume di traffico non è sufficiente per fornire dati al modello, le conversioni modellate non vengono incluse nei report o, nel caso di GA4™, vengono attribuite al canale Diretto. Questo approccio consente a Google di compensare la perdita di osservabilità evitando sovrastime.

Al momento non esiste uno strumento all'interno di GA4™ che permetta di suddividere il volume di conversioni certe da quello generato tramite modeled conversions.

L'introduzione delle modeled conversions permette di bypassare:

- Cookie non accettati: attraverso la Google Consent Mode
- Browser con finestra di attribuzione limitata (es. Safari)
- Negazione tracking ATT (App Tracking Transparency) di Apple
- Span di interazione tra dispositivo e annuncio

29. Tips & CRO

In questa sezione verranno riportati alcuni tips dedicati al miglioramento delle performance tramite l'utilizzo di GA4™.

Gli esempi riportati possono essere replicati da tutti gli utenti che approcciano a GA4™ in quanto viene presa in considerazione solo la sezione Explore o report standard. Non vengono riportati esempi tramite l'utilizzo di Google BigQuery o strumenti esterni in quanto queste tecniche necessitano di conoscenze approfondite.

Questi esempi rappresentano meno dell'1% delle attività che si possono intraprendere con GA4™ ma spesso non vengono prese in considerazione pur dimostrandosi valide per migliorare la base di partenza a livello di analisi.

GA4™ per eCommerce

Premessa: viene dato per scontato che tutti i recommended events dedicati all'eCommerce siano settati correttamente.

Come migliorare le performance dell'eCommerce di riferimento?

Iniziamo dalle micro conversions.

- **Newsletter**

Quando un utente si iscrive alla newsletter dovrebbe essere generato un evento recommended di tipo sign_up.

Per migliorare il tasso di iscrizione basterà utilizzare il **Pathing Backward** ed analizzare i migliori percorsi (aka contenuti ed eventi) generati che hanno portato gli utenti ad iscriversi alla newsletter. In questo modo si potranno valutare interventi di canalization oppure di testing per migliorare la user behavior.

- **Login**

Quando l'utente si logga alla sua area privata dovrebbe scattare un evento recommended di tipo login associato ad un parametro method che contiene la tipologia di login effettuata (tramite social login, via mail, ecc).

Per migliorare le analisi ed incrementare il numero di login o migliorare la user behavior degli utenti è possibile valutare:

- Inserimento di un parametro "error_type" che contiene l'informazione relativa al KO del login e al motivo del ko (es. password dimenticata/incorretta, username sbagliato, cookie mancanti, ecc): tramite questi dati sarà possibile anticipare, e quindi evitare, eventuali errori degli utenti in fase in login.

- Associare se possibile il parametro user_id a livello di user property e rinominarlo come crm_id (user_id è un nome restricted). In questo modo sarà possibile individuare cluster di utenti ed affinare il loro comportamento in modo da incrementare le probabilità di conversione.

- Creazione di un segmento User Logged nella sezione Explore per le tab "Pathing" e "Funnel" in modo da poter analizzare il comportamento degli utenti loggati sia in modalità navigazione libera sia in modalità, appunto, funnel.

- Se il login viene generato in presenza del carrello, cercare di distinguere tra user logged vs guest: in questo modo sarà molto più semplice analizzare il comportamento degli utenti dei due cluster e valutare elementi come ltv, aov, ecc.

- **System Errors Vs Human Errors**

Per garantire una buona user behavior e quindi una probabilità di conversione più elevata è buona norma tenere traccia degli errori di sistema, come ad esempio 40X, 50X oppure rage clicks Vs gli errori umani, ovvero password sbagliate, compilazione dei campi di form errati, ecc.

Potrebbe essere molto interessante, ad esempio, valutare il comportamento degli utenti che si trovano di fronte ad un errore nel checkout o nella compilazione di un form.

- **Item_category da 1 a 5**

Sfruttare al massimo la flessibilità di GA4 ed inserire, se possibile, la struttura breadcrumbs presente nelle singole sezioni di categoria o pagina prodotto.

In questo modo si potranno analizzare i comportamenti degli utenti a seconda dei differenti percorsi ed avere una visione completa delle performance delle categorie complessive in cui è suddiviso il sito o l'app.

- **Tracking pagina categoria**

Nell'esempio sopra riportato vengono tracciate:

- Quante più categorie possibili all'interno delle 5 a disposizione
- Suddivisione in content groups per analizzare le performance a livello di macro contenuto
- La tipologia di prezzo (price_type) in modo da valutare l'incidenza dello sconto in un listato prodotto. Ad esempio: gli utenti sono attratti solo dallo sconto oppure è ininfluente?
- La disponibilità del prodotto in modo da valutare se gli utenti che accedono alla product page sono interessati al prodotto anche se out of stock (e quindi generare azioni di get mail/phone get product) o solo se disponibile.
- Add to wishlist e parametri relativi alla disponibilità e prezzo.

- **Add to wishlist e add_to_cart**

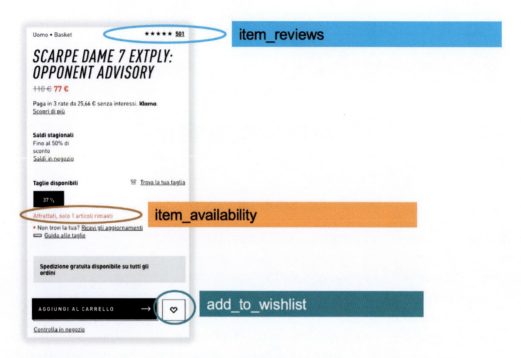

In questo caso al tracking della wishlist o add to cart vengono associati elementi come item reviews e item availability.

Grazie a questa tipologia di tracking sarà possibile valutare:

- L'incidenza delle reviews sull'inserimento del prodotto a carrello o nella wishlist
- L'incidenza della disponibilità di prodotto nell'azione compiuta dall'utente
- L'attività dell'utente post inserimento del prodotto nella wishlist: acquista i prodotti inseriti oppure utilizza la wishlist come un listato di consultazione / shortcut?

- **Checkout**

Quando si parla di checkout solitamente le analisi che vengono generate sono relative al funnel e al pathing.

Tramite GA4™ nel funnel sarà possibile inserire eventuali varianti on the fly, come ad esempio la tipologia di utente (logged vs guest) e l'eventuale membership, mentre nel pathing il checkout potrà essere suddiviso per logged vs guest user, shipment type (es. DHL, UPS, standard, premium, ecc), payment type (es. Paypal, AmazonPay, contrassegno, bonifico, Klarna, ecc).

Ovviamente tutte queste analisi sono possibili se viene fatto uno step in più rispetto all'utilizzo degli eventi recommended di GA4™: non bisogna però farsi prendere la mano e inizializzare un numero spropositato di eventi altrimenti si rischia di arrivare non ad una soluzione ma ad una paralisi decisionale dovuta alle molteplici scelte di segmentazione.

GA4™ per Lead Generation

In questo paragrafo verranno riportati alcuni miglioramenti al tracking per incrementare gli actionable insights dedicati alla lead generation ed aumentare il numero delle ipotesi di miglioramento.

- **Form**

Se possibile, suddividere il form tramite eventi dedicati alle sezioni che vengono compilate; es: dati utente, azienda, privacy, ecc. In questo modo, tramite l'utilizzo del Funnel e del' elapsed time sarà possibile analizzare il tempo che ci impiegano gli utenti per passare da uno step all'altro del form e apportare le opportune modifiche tramite testing.

- **Scrolling**

Se la landing page di conversione è una long page, assicuratevi di monitorare il corretto evento di scroll modificando l'enhanced events come riportato nei capitoli precedenti. In questo modo sarà possibile valutare il grado di profondità di navigazione degli utenti sulla pagina. Ovviamente associato a questo evento dovranno essere tracciate tutte le CTA (dirette o ancore) che portano l'utente verso il form effettivo.

- **Pathing Backwards**

Partendo dall'evento "generate_lead" visualizzare i percorsi inversi alla conversione in modo da valutare quali sono i contenuti o eventi che hanno portato l'utente a compilare il form.

GA4™ per il Travel

Di seguito vengono riportati alcuni improvement relativamente al settore in oggetto.

- **Time to purchase**

Creare un parametro che contiene il timing di acquisto del servizio in termini di giorni dall'effettiva partenza. In questo modo sarà possibile analizzare i cluster di utenti e creare delle audience mirate per incrementare up e cross selling a seconda del tempo che rimane prima del viaggio scelto.

- **Pax Number**

Inteso come numero di passeggeri/utenti che sono coinvolti nell'acquisto del servizio. In questo modo sarà possibile creare dei segmenti e delle audience ipertarghettizzate da importare sia in Ads che Optimize per personalizzare l'esperienza di navigazione e incrementare il cross selling (es. adv o contenuti solo per gli utenti che hanno prenotato 2 adulti Vs proposta kindergarden per gli utenti che hanno prenotato con un bambino sotto i 5 anni, ecc).

- **Search Date**

Tracciare la data di ricerca della vacanza (che vada a buon fine o meno): in questo modo sarà possibile analizzare il comportamento degli utenti con il contenuto del sito o dell'app a seconda dei periodi di maggior o minore richiesta e generare "automations" utili per promuovere l'acquisto del servizio in periodi meno "caldi" e potenzialmente "vuoti".

- **Disponibilità del servizio**

In fase di visualizzazione del servizio, ricavarne la disponibilità in modo da effettuare un'analisi dedicata alla navigazione degli utenti e creare delle audience mirate soprattutto in fase di onboarding.

30. GA4™ Demo Account: caratteristiche

Primo step necessario: per accedere al Demo Account bisogna ovviamente avere un account Google e soprattutto un account Google Analytics a cui la demo verrà agganciata.

Data Streams GA4™ Demo Account

Questa volta Google si è superato in termini di sorgente dati. Nella demo, infatti, troviamo **due properties di Google Analytics 4™:**

- Quella classica, **dedicata allo stream web del Google Merchandise Store** North America e Canada (come la demo per la Universal Analytics)

- La seconda è **dedicata agli stream web** (in pratica una landing), **iOS e Android di "Flood-it!"**

Google Analytics 4™ Demo Account: Google Merchandise Store

La property relativa al Google Merchandise Store è **focalizzata sui dati legati ad un ecommerce**, come ad esempio le sorgenti di traffico, i contenuti e le transazioni. Sono stati settati tutti i principali eventi relativi all'ecommerce e sono presenti anche molte audiences da cui prendere spunto ma soprattutto sarà possibile utilizzare e creare in modo approfondito i report della sezione Explore.

Sono già presenti alcune esplorazioni di default come **Shopping Behavior e Checkout Behavior, Segment Overlap e il Behavior Flow Path**. Il primo mette in relazione gli utenti/transazioni con i devices utilizzati, **il secondo presenta tre pathing**: il primo di **esplorazione** dedicato alla navigazione/interazione utente-sito, il secondo al **behavior utente partendo dall'evento di Add To**

Cart e il terzo dedicato al **comportamento utenti partendo dall'evento di visualizzazioni delle promozioni.**

Google Analytics 4™ Demo Account: Flood-it!

Flood-It! è un puzzle game di strategia in cui dovete riempire l'intero tabellone con un colore nel minor numero di mosse possibili. Il gioco è disponibile per il download su Android e iOS.

Nella property dedicata di GA4™ si possono quindi trovare i dati relativi alla landing di download del gioco (stream web) e i dati di utilizzo dell'app sia Android che iOS (stream apps)

Primo elemento notevole: **il reporting**. È possibile scegliere di visualizzare i dati relativa a tutte le piattaforme, Firebase o solo Gaming Report. A tal proposito, per avere quest'ultima configurazione è necessario:

- Almeno uno stream di app associato a un'app di gioco nel Google Play Store o nell'App Store di Apple

- L'opzione impostazione di proprietà impostata su Giochi.

Oltre a questa novità possiamo trovare:

- Esempi di come utilizzare le custom metrics (es. entrate medie per active user)
- Integrazione con Google Ads e altri postback per app advertising (Events > Conversions > Network Settings)
- Integrazione eventi automatici Firebase

- Purchase Revenue Heartbeat ovvero la revenue trend (accessibile da Games Reporting > Home)
- Acquisti in app
- Eventi e audiences dedicate da cui prendere spunto

Conclusioni su GA4™ Demo Account

L'accesso alla demo di Google Analytics 4™, con l'inserimento degli stream Web e app iOS/Android permette a tutti gli utenti di iniziare a prendere confidenza con questa nuova modalità di misurazione; inoltre la presenza di eventi e analisi già impostate può essere fonte da cui prendere ispirazione per il monitoraggio del proprio business.

Ora non resta che "smanettare" sull'account ed esplorarlo da cima a fondo!

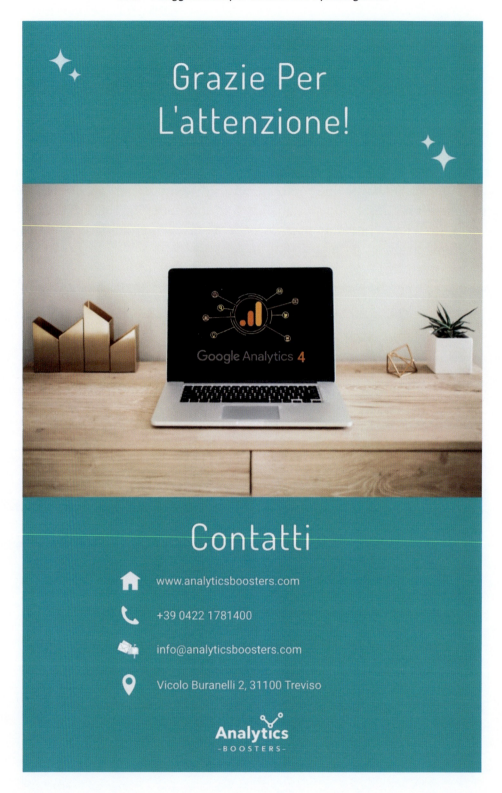

Printed by Amazon Italia Logistica S.r.l.
Torrazza Piemonte (TO), Italy

59518158R10145